U0524158

陈云与商务印书馆

纪念陈云走上革命道路100周年学术研讨会

论文集

中国中共文献研究会陈云思想生平研究分会
陈云纪念馆　编
商务印书馆

图书在版编目（CIP）数据

陈云与商务印书馆：纪念陈云走上革命道路 100 周年学术研讨会论文集 / 中国中共文献研究会陈云思想生平研究分会，陈云纪念馆，商务印书馆编 . -- 北京：商务印书馆，2025. -- ISBN 978-7-100-25052-8

I . K827=7；G239.22-53

中国国家版本馆 CIP 数据核字第 20251R4N08 号

权利保留，侵权必究。

陈云与商务印书馆
纪念陈云走上革命道路 100 周年学术研讨会论文集
中国中共文献研究会陈云思想生平研究分会
陈云纪念馆　编
商务印书馆

商 务 印 书 馆 出 版
（北京王府井大街 36 号　邮政编码 100710）
商 务 印 书 馆 发 行
北京市十月印刷有限公司印刷
ISBN 978 - 7 - 100 - 25052 - 8

2025 年 7 月第 1 版　　　开本 880×1230　1/32
2025 年 7 月北京第 1 次印刷　印张 7⅝

定价：68.00 元

青年陈云画像(陈逸飞 绘)

1926年6月13日,商务印书馆虹口分店暨中国商务广告公司同人合影
(第二排右起第5人为陈云)

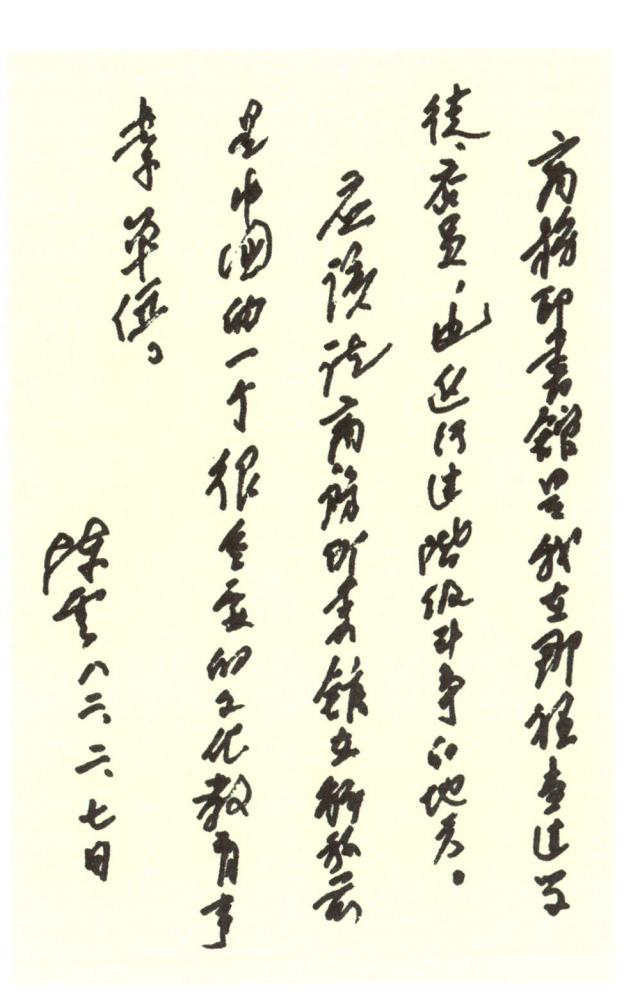

商务印书馆是我国最早推亡了旧社会，由先进行进阶级斗争的地方。在这以后，在商务印书馆出版的书是中国的一个很重要的文化教育事业。

陈云 八二、二、七日

陈云为商务印书馆建馆 85 周年题词

2019年11月20日,"陈云与商务印书馆——纪念陈云走上革命道路100周年"学术研讨会在商务印书馆举行

与会嘉宾合影（2019年11月20日）

出版说明

为深入学习贯彻习近平总书记关于"不忘初心、牢记使命"系列重要论述精神，宣传和弘扬陈云等老一辈无产阶级革命家矢志不渝为中国人民谋幸福、为中华民族谋复兴的崇高革命精神、不懈奋斗精神，中国中共文献研究会陈云思想生平研究分会、陈云纪念馆、商务印书馆于2019年11月20日，在北京联合举办了"陈云与商务印书馆——纪念陈云走上革命道路100周年"学术研讨会。为了便于广大读者更好地了解这次研讨会取得的成果，我们编辑了这部论文集。

中国中共文献研究会陈云思想生平研究分会
陈云纪念馆
商务印书馆
2023年8月

目 录

商务印书馆是陈云革命生涯的起点 …………朱佳木　1
父亲商务印书馆经历的宝贵启示 ……………陈伟力　10
陈云初心和使命的确立
　　——兼论陈云与商务印书馆 ………………迟爱萍　13
商务印书馆是陈云走上革命道路的起点 ……陈麟辉　45
浅析商务印书馆与陈云走上革命道路的关系 …张安雷　63
陈云：从商务印书馆走上革命道路 ……………江　丹　73
商务印书馆对陈云革命生涯影响探析 ………李秀元　80
"我一生转折从商务开始"
　　——试论商务印书馆对陈云的人生影响 …房　中　91
商务印书馆对陈云人生的重大影响 …………杜　娟　102
工人运动寻初心　商务馆内铸使命
　　——陈云的初心和使命 ……………………陶　蕾　109
陈云在商务印书馆的工人运动实践 …………张　群　121
陈云在虹口的早期革命活动述略 ……………王　洁　136
谈张元济、商务印书馆与陈云 ………………杨　剑　145

陈云与董亦湘的情谊 ······················· 潘黎黎　155
陈云和茅盾的深厚友谊 ····················· 张秋霞　166
陈云关心商务印书馆纪实 ··················· 刘启芳　179
1919—1929 年马克思主义在商务印书馆各阶层中的
　传播和实践 ······················ 包建龙　刘资颖　189
文化枢纽的红色之光
　——商务印书馆第一、二次大罢工考察 ········· 孙　张　201
作为早期革命力量的出版业无产阶级
　——以陈云与商务印书馆为例 ················ 杨义成　215

后记 ·· 229

商务印书馆是陈云革命生涯的起点

朱佳木

陈云初到商务印书馆时还不能说参加了革命，但商务印书馆是他走上革命道路的起点，则是确实的。

1982年2月，我刚接手负责陈云同志办公室的工作不久，便收到商务印书馆请陈云为该馆成立85周年题词的信。那时，他还没有开始把写大字作为健身方法，所以，当我把信送去后，他即用油性签字笔在全白便笺上题了词。我原本以为他要写几句祝贺或勉励的话，没想到写的是："商务印书馆是我在那里当过学徒、店员，也进行过阶级斗争的地方。"这句话看上去很直白、很平实，但细想起来，的确恰如其分地点明了商务印书馆的经历对他走上革命道路的意义。后来，通过听他回忆历史，以及再后来编撰他的年谱，阅读有关他生平的书籍，我对这句话有了更多的理解，感到他在商务当学徒、店员和进行阶级斗争的七年，对他的革命生涯的确有很深的影响。这种影响，我认为起码体现在以下五个方面。

第一，使他比较早地接触和认识了资本主义社会。

1919年陈云进入商务印书馆时，那里已经成为当时中国规模最大的资本主义性质的文化企业，其总部所在地上海，更是当时资本主义工商业最为发达、现代化程度最高的城市。陈云从15岁开始到那里生活、工作，使他得以较早地了解了十里洋场的资本主义经营方式及劳资矛盾。加之他被分配在发行所，而且是在柜台工作，使他从少年时代就熟练掌握了珠算技术，并学到了许多商业知识。正是这一经历，为他后来从事党的特科工作，用"开铺子做买卖"的办法，边进行隐蔽斗争边给党赚取经费，提供了必要的经验；也为他后来成功领导陕甘宁边区、东北解放区乃至全国的财经工作，提出和坚持既要使用市场调节手段、允许个体工商业存在，又要反对不加宏观控制的市场和开放等一系列正确主张，提供了最初的知识支撑。

陈云晚年常说："资本主义市场的商品交易所有两重性。……利用交易所，可能有得有失，但必须得多失少。"[①] "外国资本家也是资本家。……世界上没有一个愿做低于平均利润率买卖的资本家。"[②] "过去旧商人中，有一种头戴瓜皮帽、手拿水烟袋的，他们专门考虑'战略性问题'，比如什么货缺，应该什么时候进什么货。"[③] 当他听到有人主张国库券允许到银行贴现时，立即表示反对，说旧社会银行有这种业务，这样搞，等于把收回的票子又放出去，增加货币流通量。从上述这些话中，人们都不难看到他当年在商务印书馆那段经历的影子。

第二，使他练就了不怕艰难困苦的坚强意志。

陈云两岁丧父，四岁丧母，先天不足，后天失调，体质从小就

[①] 《陈云文选》第3卷，人民出版社1995年版，第222页。
[②] 同上书，第277页。
[③] 《陈云文选》第2卷，人民出版社1995年版，第334页。

弱。但他凭借顽强的意志，不仅战胜了一个又一个看似不可能战胜的困难，完成了一项又一项无比繁重艰巨的任务，而且使自己活到了 90 岁。这与他在商务印书馆的经历，也是不无关系的。

陈云当年小小年纪只身来到大上海，身高还没有柜台高。老板看他太矮，一开始还不想收他。但他硬是站在小板凳上接待顾客，终于被留了下来。我听他讲过，为了锻炼意志力，他每天早上总是第一个起床，为了不影响同宿舍的工友，到楼顶晒台练习写毛笔字，冬天天气太冷，他就往手上和墨汁上哈气。他十分节俭自律，尽管学徒第一年每月薪金只有三元，第二年才加两元，但仍能挤出钱来寄给养父。

古人说："艰难困苦，玉汝于成。"正是由于他练就了这股子毅力和意志，使他后来在青浦武装暴动失败后，只身一人躲避敌人追捕，仍能坚持斗争；长征中尽管有难以想象的艰难险阻，但他不仅能走下来，还能胜任红五军团和中央纵队政委等工作；长征中途受党中央派遣，只身一人由四川折返上海，尽管逆敌军追兵而行，仍能胜利到达目的地；从"大跃进"直到"文化大革命"结束，尽管遭受政治冷遇长达 16 年，仍能坦然处之，并时刻关心和考虑天下大事，想方设法为党和国家的长远利益建言献策。所有这些，无不源于他在商务印书馆磨炼出的坚韧不拔的意志。

第三，使他养成了自学的习惯和尊重知识、尊重科学的品格。

陈云在履历中的学历一栏始终填写的是高小毕业，但只要是了解了他的生平事迹，阅读过他文选、文集的人，无不为他高超的理论和文字水平所折服。这当然与他在革命过程中长期一贯地坚持结合实际自学，尤其是勤于和善于学习马克思主义经典著作有关,但这种热爱自学的习惯,也是在商务印书馆那几年养成的。

商务印书馆不是学校,但却是近代中国成立最早、规模最大、影响最广的文化教育出版单位,不仅出版教科书和词典,还出版学术著作和国外文学、科学译著;不仅设有总务处、发行所、印刷厂,还设有编译所;职工不仅多数拥有较高文化水平,而且还有不少知名学者,特别是有一批最早接受马克思主义的知识分子。像陈独秀、沈雁冰、董亦湘、杨贤江这些早期的共产党人,都曾在那里工作过。而且,商务印书馆还很重视职工教育,不仅设有图书馆,还办了业余教授英文、图书分类等课程的学校。这样的文化氛围,对于求知欲、上进心都很强烈的陈云来说,当然再好不过,为他提供了进一步充实提高自己的有利条件。

1980年代初的一天,陈云要我设法请楼适夷先生来一下。我经过了解,得知楼适夷正在大百科全书出版社工作,于是派车把他接到陈云家里。原来,陈云是想请楼适夷写一篇纪念应修人烈士诞辰100周年的文章。他对我说,应修人、楼适夷等人在1920年代办了一个宣传马克思主义和进步文化的上海通信图书馆。他刚到商务印书馆时,比较多的是借阅馆内的"少年丛书"、章回小说和杂志。五卅运动前后,经同事介绍去了通信图书馆,从那里才接触到马克思主义和其他进步书籍,使他的思想发生了根本的变化。

陈云在商务印书馆与许多知识分子、经营管理人员有所接触,使他了解了知识分子、管理人才的作用,养成了尊重知识和科学的品格。我想他后来之所以一贯尊重非党知识分子,注重专家的意见,之所以在延安中组部部长任上提出要和国民党抢知识分子,在领导东北解放区时提出技术员、技师、工程师、专家是管理近代企业必不可少的重要力量,在主持中财委工作时注意吸收非党民主人士参加工作,在领导公私合营时强调留用有真才实学、精明强干的资本家,在1980年代建议提高中年知识分子的生活和工作待遇,等等,追根溯源,都可以追溯到他在商务印书馆的那段经历。

第四,使他显露和锻炼了组织群众运动的领导才能。

1925年的五卅惨案触发了全国性的反帝爱国运动,工人阶级最集中的上海自然成为这一运动的核心地区。商务广大低薪职工受到运动鼓舞,开始酝酿筹建自己的工会,发行所的罢工职工一致推举陈云当发行所职工会的委员长。那年陈云只有20岁,由学徒升为店员的时间也不长,而发行所职工仅最初参加罢工的就有400多人。为什么会偏偏选他做职工会主要负责人呢?陈云后来在自传中说,这是因为他平时克勤克俭求上进、为人品行影响好,所以在青年店员中是"有信仰与号召力的人"。[①]事实正是如此。记得1980年代初,陈云在商务的工友孙诗圃、薛兆圣等人先后来京看望他,在私下和我聊天时,都谈到陈云那时很自律,很正派,很有头脑,很愿意帮助人,所以年纪虽小,在职工中的威信却很高。

陈云成为罢工积极分子和骨干后,很快显示出他善于团结群众、组织工作、把握方向的能力。据陈云当年的工友陈竹平回忆,陈云在发行所罢工前夕,组织了纠察队,让人将发行所大门及各部门办公室钥匙集中起来,将职工上下班记录卡拿走;罢工当天

[①] 《陈云传》(一),中央文献出版社2015年版,第20页。

一早,又布置纠察队把守前后门,提前将饭厅布置成罢工大会会场,将油印的罢工宣言和对资方提出的条件发给每个到会的人,而且亲自担任了大会主席。所有事情,他都办得清清爽爽、有条不紊。随后,印刷所、总务处职工响应发行所罢工,成立两所一处联合罢工执行委员会。在约4000名职工参加的通过复工条件的集会上,陈云再次担任了大会主席。当编译所职工也加入罢工行列,全馆成立了统一的罢工中央执行委员会后,陈云主要负责发行所职工的组织、宣传工作。他以"怀民"等笔名,在发行所职工会创办的《职工》等杂志上,先后发表了《职工在现社会的地位》《中国民族运动之过去与将来》等七八篇文章。从这些文章中可以看出,他那时已具备了分析阶级斗争问题的能力。

由于陈云身处基层工会的领导岗位,所以得以参加了随后举行的上海工人三次武装起义,陪同共产党的特委领导人周恩来、赵世炎等视察过地形,出席过上海总工会召开的各工会负责人联席会,领导了南京路上先施、永安等四大百货公司的罢工,还代表上海总工会前往新龙华与北伐军接过头。所有这些活动,不仅锻炼和增强了他的组织才能,也考验了他作为一个领导者应具有的素质,为他后来逐步走上越来越重要的领导岗位奠定了初步基础。如果要用什么词汇形容那段经历在他革命生涯中的地位,我想,最恰当不过的恐怕是"初露锋芒"和"小试牛刀"了。

陈云在商务当过学徒、店员和从事过工人运动,这无疑是他27岁担任全国总工会党团书记,43岁又当选全国总工会主席的重要原因。毛主席在党的八大前夕提名他担任党的副主席时,还特别讲到:"他是工人阶级出身,不是说我们中央委员会里工人阶级成分少吗？我看不少，我们主席、副主席五个人里头就有一个。"①

第五，也是最重要的方面，使他树立和坚定了共产主义的理想信念。

上海是中国工人运动的发祥地，商务印书馆是当年上海职工队伍最为庞大的机构之一，上海总部共有4500余人，印刷所就有三四千人，而且具有工人运动的传统，也比较早地有了共产党的组织。1916年，商务印书馆的中文排字工人就组织过工会性质的"集成同志社"，领导过罢工；1925年成立的上海印刷工人联合会中的主力之一，也是商务印书馆的印刷工人。1921年底，商务印书馆便有了早期共产党人，1925年发展到了五六十人。陈云自幼家境贫寒，家乡距离上海又近，很容易接受新思潮的影响；到商务印书馆后，身处这种革命氛围浓厚的环境，自然会产生强烈的爱国主义情怀和社会主义倾向；一旦接触马克思主义，更容易被这一科学理论所征服。正因为如此，他在五卅运动中才会迅速接近并下决心加入了共产党。

陈云在自传中说，入党时是经过考虑的。他写道："做店员的人，有家庭负担的人，常常在每个重要关头，个人利益与党的利益有冲突时，要不止一次地在脑筋中思想上发生矛盾，必须赖于革命理论与思想去克服个人利益的思想。""比如，当我在参加革命后资本家威胁我时，我想到吃饭问题会发生危害，但立即又想到：怕什么？手足健全的人到处去得，可以到黄埔军校，可以卖大饼油条，只要立志革命，不怕没饭吃，归根结底只有推翻现在社会制

---

① 《毛泽东文集》第7卷，人民出版社1999年版，第112页。

度以后，才大家有饭吃。"① 陈云之所以这么说，有一个原因，就是由于他勤奋好学、业务熟练，提前一年就由学徒升为了店员，而且是被发行所的主任和高级职员所看中。但罢工一起，他居然成了罢工领袖，完全出乎了他们的意料，受到了他们的警告。陈云在自传中谈到入党动机时还谈到当时一个重要条件，就是把三民主义和马克思主义做了比较。他写道：只有"改造社会，才能解放人类。这个思想对于我影响很大"。"入党以后，自己觉得此身已非昔比，今后不是做'成家立业'的一套，而要专干革命。这个人生观上的改革，对于我以后有极大的帮助。"② 陈云在这里谈到了自己入党时的两点考虑，即用革命的思想克服了个人利益的思想，用马克思主义战胜了三民主义，我认为是非常真实的，也是非常重要的。正因为入党时是经过以上认真考虑的，所以他入党后才会对党的事业那么忠诚，对党的信念那么坚定。

习近平总书记在2015年纪念陈云同志诞辰110周年座谈会讲话中指出："陈云同志1925年加入中国共产党，从此就把毕生精力献给了党领导的伟大事业。"纵观陈云的一生，无论顺境还是逆境，他的无产阶级立场始终坚定，对马克思主义的信仰和对共产主义必胜的信念始终如一，从没有过丝毫动摇。1980年代初，有人议论"共产主义遥遥无期"，他对我说："这个话是错误的，共产主义遥遥有期。"一字之差，清楚地反映了陈云不同寻常的政治清醒和理论坚定。那时，有人还借口便于吸引外资，主张让共产

---

① 《陈云传》（一），中央文献出版社2015年版，第36页。
② 同上。

党改名。他听到后又对我说:"党的名字表明了它的奋斗目标,改名字怎么能行!"在党的十二届二中全会前,他针对当时一些人出国访问,看见外国的摩天大楼、高速公路,就认为中国不如外国,社会主义不如资本主义,马克思主义不灵了的议论,要我在为他准备的大会发言稿中加上"社会主义万岁,共产党万岁"的口号。后来,他在那次发言最后用高昂的语气说道:"资本主义必然要被共产主义所代替,这是无可改变的法则。……我们可以充满信心,高呼社会主义万岁!共产主义万岁!"

当我们了解了陈云在商务参加革命、加入党的过程,对他的理想信念为什么会如此坚定,也就不感到奇怪了。

伟大出自平凡,平凡造就伟大。陈云从商务印书馆一名普通学徒,最终成长为伟大的无产阶级革命家,党的两代中央领导集体的重要成员,中国社会主义经济建设的开创者和奠基人之一,生动而深刻地诠释了这一真理。我们今天纪念他走上革命道路100周年,最重要的,就是要通过回顾他在商务印书馆的革命实践活动,领悟和学习他的严于律己、认真负责、团结同志、刻苦自学、追求真理、敢于斗争、献身革命、坚守信念的精神,像他那样端正品行、磨炼意志、坚持学习、努力工作。每一位共产党员,还要像他那样不断端正入党动机,纯洁党性,不忘初心。我想,这应当是对陈云最好的纪念。

父亲商务印书馆经历的宝贵启示

陈伟力

父亲是伟大的无产阶级革命家、政治家，杰出的马克思主义者，是以毛泽东同志为核心的党的第一代中央领导集体和以邓小平同志为核心的党的第二代中央领导集体的重要成员，为党和人民事业发展作出了重大贡献。

从1919年至1927年，在商务印书馆工作、学习和斗争的七年多，是父亲70年革命生涯中非常重要的一段经历，这段经历也给我们留下了很多宝贵启示。

一、反复推敲比较，确立理想信念。信仰是人们的一种高级的精神活动。有了信仰，人们就有了精神的寄托，有了行动的指南。在中国近代思潮纷繁复杂的社会中，父亲积极追求进步，不断探寻真理，他曾"很赞成吴佩孚，后又很相信国家主义派是'外抗强权，内除国贼'。后通过商务印书馆共事的国民党同事了解到三民主义，觉得孙中山的道理'蛮多'"，但当他接触到马克思主义后，经过反复比较斟酌，他逐渐认识到"必须要改造社会，才能解放人类"的道理，认识到共产主义是最好的主义，最终确立了共产主义信仰。

二、始终坚定信仰，坚守精神家园。对马克思主义、共产主义的信仰，对社会主义的信念，是共产党人精神上的"钙"。1925年，父亲加入了中国共产党，立下了"此身已非昔比，今后不是做'成家立业'的一套，而要专干革命"的人生誓言。此后，他对自己选定的共产主义信仰笃信终生。父亲曾说："一个愿意献身共产主义事业的共产党员，不仅应该为党在各个时期的具体任务而奋斗，而且应该确定自己为共产主义的实现而奋斗到底的革命的人生观。""终其一生，为他的信仰的实现而奋斗到底。"

三、广泛阅读钻研，努力提升自己。在商务印书馆期间，父亲不仅"每天利用早晚时间读书、写字、念英语"，钻研业务技能，"看遍了书店中的'童话'、'旧小说'、'少年丛书'，有时候也可翻翻杂志"，还广泛接触新文化、新知识，培养读书习惯，拓宽眼界思路。虽然只读过小学，但父亲靠在长期实践中坚持不懈地刻苦学习，具备了很高的思想理论水平和解决问题的能力。他把学习作为一种政治责任、一种精神追求、一种生活方式，不断接受马克思主义哲学智慧的滋养，自觉坚持和运用辩证唯物主义世界观和方法论，广泛学习各方面知识，做到学以益智、学以励志、学以立德、学以修身。

四、时刻心系群众，关注民生问题。1925年11月，为构建工人运动的思想阵地，父亲发起并创办了地下刊物——《职工》，并先后以"怀""民""一民""怀民"等为笔名，为劳动人民的切实利益奔走疾呼。在《中国民族运动之过去与将来》一文中父亲就指出，农民不参加运动，中国革命鲜有希望，"到民间去"将是今后中国民族运动的重要口号。父亲一生勤政为民，始终高度关注民生问题,对民生问题殚精竭虑,呕心沥血。他一生虽功勋卓越,却从不以功臣自居,而是将功劳归功于人民。

五、主动担当作为,投身革命实践。一代人有一代人的长征,一代人有一代人的使命。在商务印书馆时期,父亲常和工友说:"我们是青年人,青年人应该奋发有为;我们要做一个站在时代前面的青年,不要做时代的落伍者,更不要做暮气沉沉的青年。"父亲主动肩负起时代使命,在大革命的洪流中积极投身工人运动,并在长期的实际斗争中逐渐成长为党和国家的卓越领导人,为中华民族的独立和解放,为社会主义制度的建立、巩固和发展,为中国特色社会主义道路的探索奉献了毕生的精力。

站在新的历史起点上,我们党肩负着时代使命和人民的重托,同时也面对着新的历史条件和考验。奋进的时代,关键的时期,我们要继承和发扬父亲等老一辈无产阶级革命家的优良传统、高尚品格和精神风范,紧密团结在以习近平同志为核心的党中央周围,以更加坚定的信心把中国特色社会主义不断推向前进,为实现中华民族伟大复兴的中国梦不懈奋斗!

陈云初心和使命的确立

——兼论陈云与商务印书馆

迟爱萍

1995年4月10日,敬爱的陈云同志永远地离开了我们。在生命的最后岁月,陈云曾饱含深情地对守护在身旁的亲人说:"如果我没有到上海,没有当工人,没有到商务印书馆,就没有机会接触共产党。""从青浦到上海,这是我人生中间,非常重要的一段,这步迈出去以后,才有机会接触到共产党,才有这一生。"①

这是陈云临终前对他人生起航的回顾,也是对他初心和使命起点的揭示。短短朴实的一席话,深刻展现了一位久经考验、有着70年党龄的老共产党员,对党和马克思主义信仰矢志不渝的挚爱和坚守的情怀。

---

① 《亲情话陈云》编辑组编:《亲情话陈云》,中央文献出版社2006年版,第3页。

一、到上海商务印书馆学徒、当店员，逐步确立救国和变革社会的政治理想

1905年6月13日，陈云出生在江苏省青浦县（今上海青浦区）练塘镇一个贫苦农民家庭。幼年时就成了孤儿，由舅父母抚养。在艰难的生活中磨砺长大的陈云，十分懂事，性格沉静，品学兼优。

陈云的少年时代，是一个风雨如晦的年代，人民在水深火热中挣扎。陈云在学校受到一些有着进步思想的老师的教育，幼小心灵中播下正义的种子。他幼年的同伴回忆说：陈云对逼租的地主和狗腿子十分痛恨，对被逼租时打伤甚至吃了官司的农民非常同情，"每次看到这些逼租的人，陈云就和同学们一起向他们扔砖块"。[①]

1919年五四运动中，还在小学读书的陈云，参加了学校组织的"童子军""救国十人团"及宣传队，上街宣讲国耻，表演短剧，张贴标语，号召乡亲们抵制日货。1939年5月1日，陈云在纪念五四运动20周年的文章中写道：

"'五四'的时候，我才十五岁，是一个高等小学三年级的学生。那个学校是在上海附近的乡间，很快就受到'五四'的影响。我们由一个姓张的教员领导着罢课之后，还进行了宣传和演剧。我还记得我们演的剧叫做《叶名琛》，我也扮了一个脚色。有一次

---

① 陈云故居暨青浦革命历史纪念馆编：《走近陈云——口述历史馆藏资料辑录》，中央文献出版社2008年版，第5—6页。

在茶馆里讲演,我演讲的时候手足似乎蛮有劲,把脚一顿,茶馆里桌子上的茶壶都给碰翻了。这个小镇也罢了市,人民反对日本和反对卖国贼的情绪,确是很高涨。"①

通过对五四运动的参与,少年陈云在心中播下了救国和变革社会的种子。1919年夏,陈云以出色的成绩完成高小学业。因家境困难,无力求学,在老师张行恭的帮助下,到上海商务印书馆发行所文具柜当学徒。师傅就是张行恭的弟弟张子宏,在文具仪器柜当主任。

当时,陈云不足十五岁,个子瘦小,柜台够着很吃力,且商务有不用童工的惯例,故发行所所长不想收他。张子宏向总经理张元济说明陈云的情况。张元济同情陈云孤儿身世,且无经济力量继续求学,破例同意留用陈云在商务印书馆学徒。张子宏为了使陈云站在柜台前能顺利接待顾客,特制一条一尺多高的木凳,让陈云站在上面工作。陈云年纪虽小,但很有心。他把师傅的关心和张元济的宽容牢牢记在心里,工作发奋努力,善于用脑,熟悉业务快,且待人诚恳谦虚,不久便赢得师傅和老职工们的称赞。学徒期一般三年,陈云因工作出色,馆方提前一年将他升为店员。

就当时中国的情况而言,上海是最大的工商业城市,也是思想文化最先进的城市。商务印书馆又是国人公认的,能够用其出版物引导并传递公共舆论与意志,在主导时代思潮、传播近代文化等诸方面有着重要影响的现代文化企业。商务印书馆创立于1897年,最初只是一个印刷厂。创建人夏瑞芳是一位目光远大的

---

① 《陈云文集》第1卷,中央文献出版社2005年版,第194页。

企业家。他善用人才，1902年邀张元济入馆主政商务编译所，使商务印书馆发展成为"近代中国出版业最终走出传统，迈向近代化的里程碑"，结束了"近代国人吸纳西学主要仰仗西方传教士及其教会出版机构的时代"，"开启了国人自主传播西学和开展国际文化交流的新时代"。① 同时商务印书馆极其重视中国传统古籍整理和文化传承，重视近代教育事业的发展。陈云入馆时，商务印书馆已是闻名全国的文化重镇。

客观环境对于勤奋好学的陈云如鱼得水。工作之余他上了馆里办的培训职工的"上海图书学校"，持续三年，掌握了英文、图书分类、书刊出版和印刷等各方面专业知识，并挤时间广泛阅读各类书籍。当时受张子宏委托，指导陈云业务，与陈云在集体宿舍同住的文具柜的头柜陈竹平回忆说："每天清晨，天还没亮他就起身读书、写字、学英文；晚上下班后，回到宿舍也是读书写字到深夜，成年累月从未间断过。"②

陈云不仅勤学苦读，且严格自律，品格端正。学徒收入月薪只有三元，转为店员后也只有七元，陈云省吃俭用，将积攒下来的钱，寄给舅舅和舅母，还接济身边有困难的工友。③ 陈云不仅自己奋力上进，还经常鼓励同伴们："我们是青年人，青年人应该奋发有为；我们要做一个站在时代前面的青年，不要做时代的落伍者，

---

① 参见史春风：《商务印书馆与中国近代文化》，北京大学出版社2006年版，第1页。

② 陈云故居暨青浦革命历史纪念馆编：《走近陈云——口述历史馆藏资料辑录》，中央文献出版社2008年版，第8页。

③ 参见《陈云年谱》（修订本）上卷，中央文献出版社2015年版，第13、14页。

更不要做暮气沉沉的青年。"陈竹平回忆说,当时和陈云在商务一起工作的职工,"没有一个不看重他的"。① 陈云在1940年7月10日的自传中也写道:

"我应该说在商务时期,对我在文化上的得益很大,全部'童话'、'旧小说'、'少年丛书'都看了,有时也可翻翻杂志。同时我自信也是很用功的一个人,练字,上夜校(商务办的),读英文。当时商务发行所的主任和高级职员认为我是克勤克俭(只穿布鞋布袜)而求上进的一人,在他们心目中我将来在商务很可被他们看中的一个。但罢工一起,居然为罢工委员长,他们就完全出乎意外。而在青年店员中对我平常的品行的印象很好,有信仰与号召力的人。"②

文化与思想修养的加深和拓展,为陈云理想境界的提升奠定基础,促使他投身救国和变革社会的意识逐步形成。

五四新文化运动时期,是一个百家竞起、异说纷纭的时代。商务印书馆作为一个大型的资本主义民营企业,出版业务又在有着深厚人生阅历和开阔文化眼界的张元济主持之下,是不可能在近代中国思潮剧变的过程中冲锋陷阵的,同时也不可能放弃作为文化企业介绍者与宣传者的责任。期间,商务印书馆对西方社会思潮的译介与引进的特点是,内容庞杂,包罗万象,没有一定的倾向性。对于新文化运动时期的各种政治思潮,商务印书馆的出

---

① 参见陈云故居暨青浦革命历史纪念馆编:《走近陈云——口述历史馆藏资料辑录》,中央文献出版社2008年版,第9页。
② 陈云:《我的自传》,手稿,1940年7月10日,转引自《陈云传》(一),中央文献出版社2015年版,第20页。

版物中几乎都有涉及。在特定时代环境下,像商务这样不为任何一种学说与观念左右,忠实与客观地介绍和传播新思想的出版企业,从某种意义上说,更利于人们通过学习比较,自觉选择人生信仰,从而确立个人努力奋斗的方向。这种出版理念和特点蕴含的深味,随着时间的推移愈加彰显。陈云正是在这样的文化环境中,通过阅读各类书籍,反复思索,日益自觉地接受了马克思主义。

在寻求真理和建立信仰的认识过程中,陈云的思想有过曲折。他在回忆自己这段思想成长过程时说:"我先是相信吴佩孚的,后来相信国家主义,后来又相信三民主义,最后才相信共产主义,因为经过比较,认识到共产主义是最好的主义。"应该说,陈云的思想背景是非常复杂的,但"从自己的经验中真正了解共产主义,本质也是纯洁的"。[①]陈云以后的人生经历充分证明,这种通过学习思索自觉选择的信仰,坚定不移、百折不挠、义无反顾!

陈云在思想成长和转变过程中,也受到了共产党员的影响。商务印书馆编译所的沈雁冰,1921年经中共一大代表李汉俊介绍,加入中国共产党。是年底,党中央委托他担任秘密联络员,联络点即在上海宝山路45号商务编译所。随后,党中央又指派最早负责中国共产党机关刊物《向导》出版发行的徐梅坤,到商务印书馆与沈雁冰研究发展党的组织和筹建工会等工作。他们先后在编译所发展了董亦湘、杨贤江等共产党员,并通过《向导》的传播,在馆内培养了一部分积极分子,其中就包括陈云。馆内党的地下组

---

① 《陈云文选》第1卷,人民出版社1995年版,第111页。

织集资办工人夜校,秘密开会,在职工中宣传反对剥削压迫,号召打倒反动军阀,启发工人、职员的阶级觉悟。陈云亲眼目睹过共产党员的活动,聆听了共产党员关于社会发展规律,以及马克思主义剩余价值理论等进步思想的宣讲。①1924年5月,董亦湘介绍商务发行所职员恽雨棠参加中国共产党,从此,发行所开展了建党工作。②

1925年5月30日,上海发生震惊中外的五卅惨案。6月1日,在中国共产党领导下上海总工会宣告成立,同时宣布举行总同盟罢工。6月2日,商务印书馆总公司宣布全馆停业至4日,以抗议帝国主义制造的五卅惨案。编译所的沈雁冰、胡愈之、郑振铎等人联合12个学术团体,创办了《公理日报》,对五卅惨案真相如实报道,声讨帝国主义的血腥罪行。此后,商务职工还成立了同人经济后援会,捐付上海总工会和上海济安会6000元,转给罢工工人和学生。陈云积极参加了商务印书馆举行的罢市、游行、募捐、义卖《公理日报》等活动。③

经过五卅革命斗争的历练,陈云的思想和行动都有了新的变化。一是渴望加入政治党派组织。当时陈云在政治倾向上,赞同孙中山的三民主义,认为"孙中山的道理蛮多"。故在商务同事的介绍下,加入了中国国民党,并成为国民党上海特别市党部闸北

---

① 参见上海党史研究室、上海市总工会编:《上海商务印书馆职工运动史》,中共党史出版社1991年版,第22—26页;中共上海市委党史研究室、陈云故居暨青浦革命历史纪念馆编著:《陈云在上海》,中央党史出版社2000年版,第29—31页。

② 参见商务印书馆上海印刷厂职工运动史编写组编:《商务印书馆职工运动史料辑要》,商务印书馆上海印刷厂1988年印制,第6页。

③ 参见《陈云年谱》(修订本)上卷,中央文献出版社2015年版,第19页。

区第十五分部(商务印书馆发行所分部)的首创人之一,担任分部常务委员会委员。① 二是进一步接触马克思主义理论书籍。陈云参加了上海通信图书馆的活动。该图书馆是进步青年应修人、楼适夷创办,专为坚持自学、要求进步的青年服务。五卅运动后,应修人加入中国共产党,在图书馆秘密推广共产党的书刊,还经常请赵世炎、恽代英、沈雁冰、杨贤江等到图书馆作报告,引导大批青年走上革命道路。陈云在参加这个图书馆活动后,思想上的政治倾向性日益明显。陈竹平回忆:五卅运动后,陈云学习内容完全不同以前。他集中学习俄文,研读马列主义和苏联革命书籍,读了《共产党宣言》,以及《辩证唯物论》和《唯物史观》等进步书籍。这些书不宜在公开场所阅读,陈云就躲到厕所去读。② 陈云在1940年7月10日的自传中说:当时像布哈林等《共产主义ABC》那样的书还读不懂。但他读了《马克思主义浅说》和《资本制度浅说》,感到:"这些书看来它的道理比三民主义更好。"③ 总之,陈云到商务印书馆学徒后,进入了一个全新且开阔的、文化与现代化程度在当时中国都属于前沿的环境中,使他有机会直接接触到中国文化及企业名流,浏览大量中外名著,得到了好的学习教育机会;并在当时革命中心上海,参加了革命活动,受到早期共产党人的教育。这些因素促使原本就品学兼优的陈云迅

---

① 参见《陈云年谱》(修订本)上卷,中央文献出版社2015年版,第19—20页。
② 参见陈云故居暨青浦革命历史纪念馆编:《走近陈云——口述历史馆藏资料辑录》,中央文献出版社2008年版,第8—9页。
③ 陈云:《我的自传》,手稿,1940年7月10日,转引自《陈云传》(一),中央文献出版社2015年版,第35—36页。

速成长，逐步接受并形成了"必须要改造社会，才能解放人类"的革命理念。①1960年9月20日，陈云在给自己的高小老师张行恭的信中说："（小学毕业后）我衷心感谢你和子宏先生，因为你们帮助我离开章练塘，进入商务，在那里使我有可能走向革命的方向。"②

二、加入中国共产党，确立马克思主义、共产主义信仰

五卅运动后，中共中央、共青团中央根据上海斗争形势，于8月10日在《向导》第125期发出《中国共产党中国共产主义青年团告工人兵士学生》，指出：上海、香港的罢工运动引起全国解放运动的发展，各地都起响应，但这一潮流目前"还不能立刻形成全国的反抗运动——工人还必须有长期斗争的预备"；目前要将政治总罢工转为局部争取"对于自身的经济上及法律上的要求"的经济斗争，以避免使工人阶级陷于"孤军独进"的环境。③

随后，上海邮务工人为增加工资，举行三天罢工，取得胜利。商务印书馆职工从中受到鼓舞，酝酿罢工。党中央十分重视商务职工运动，再次派徐梅坤到商务组成包括沈雁冰、丁晓先、杨贤江、

---

① 陈云自传，手稿，1936年7月2日，转引自《陈云传》（一），中央文献出版社2015年版，第36页。
② 中共中央文献研究室编：《文献与研究》（内刊），2007年第60期（总144期），第23页。
③ 参见中央档案馆编：《中共中央文件选集（1921—1925）》第1册，中共中央党校出版社1989年版，第438页。

陈云、章郁庵、乌家良、王景云、徐新之等10余人的临时党团，加强对罢工的领导。徐梅坤任书记，上海印刷总工会秘书长郑复协助。① 经商议，罢工由商务发行所首先发起。

8月22日早，发行所职工会（筹）成立，宣布罢工开始，陈云被工友们推举为委员长。随后，商务印刷所、总务处响应罢工，当晚成立罢工执行委员会，陈云再次被推举为委员长。次日，陈云领导工友们商议罢工条件，并派人到编译所协议共同行动，取得成功，8月25日遂成立"三所一处"罢工中央执行委员会，发行所派章郁庵、徐新之、孙琨瑜参加。罢工坚持七日，取得胜利，与馆方达成16项协议。

9月1日，发行所职工会正式成立，选出陈云、章郁庵、徐新之、恽雨棠、谢庆斋等11人为执行委员。② 当时，陈云只有20岁，但在罢工中显露了较为突出的领导才能和品质。一是在工友中威望高，有人气。罢工的日子里，工友们切身感受到了陈云的谦和与耐心，以及既关心团结人又讲原则的品质，大家都信得过他。二是斗争意志坚定，不畏惧馆方威胁，目光放得远，认清了工人阶级团结起来的威力。三是善于分析形势，恰当把握斗争分寸，采取适宜的斗争方法，以赢得罢工的胜利。陈云的这些特点给参加罢工的职工留下深刻印象。几十年过去了，不少人在回忆商务印书

---

① 参见上海党史研究室、上海市总工会编：《上海商务印书馆职工运动史》，中共党史出版社1991年版，第38页。

② 参见商务印书馆上海印刷厂职工运动史编写组编：《商务印书馆职工运动史料辑要》，商务印书馆上海印刷厂1988年印制，第11页。

馆工人运动时，都谈到了陈云当时的这些表现。①

陈云的素质和才能引起商务印书馆党组织的注意。经董亦湘、恽雨棠介绍，八九月间，陈云光荣加入中国共产党。陈云在1936年7月2日的自传中，坦诚地向组织陈述了自己入党的动机。他说："当时之加入共产党最大的原因是大革命的潮流的影响，同时生活上眼见做了五年学徒，还是每月只赚七元钱的工资，罢工以后，就接近了党了。但当时入党时有个很重要的条件把三民主义看了，把列宁主义概论和马克思主义浅说都详细地看了，那时确了解了必须要改造社会，才能解放人类。这个思想对于我影响很大。"这表明陈云加入共产党，有对个人现实生活状况的不满，但更重要的是阶级觉悟的提高，马克思主义信仰的确立。在1940年7月10日的自传中，陈云更清晰地表达是在确立了"改造社会""解放人类"的世界观后，自觉要求加入中国共产党的。他说："我自觉入党时经过考虑，而且入党以后，自己觉得此身已非昔比，今后不是做'成家立业'的一套，而要专干革命。这个人生观上的改革，对于我以后有极大的帮助。"②

第一次罢工胜利后，1925年11月，商务印书馆发行所职工会创办了地下刊物《职工》，陈云在创刊号上发表了《职工在现社会的地位》和《总工会是什么》两篇短文。这是陈云在最初参与领导

---

① 参见陈云故居暨青浦革命历史纪念馆编：《走近陈云——口述历史馆藏资料辑录》，中央文献出版社2008年版，第14—15、10、11页；商务印书馆上海印刷股份有限公司：《铭记教诲，努力奋进》，载《缅怀陈云》，中央文献出版社2000年版，第593页。

② 陈云：《我的自传》，手稿，1940年7月10日，转引自《陈云传》（一），中央文献出版社2015年版，第36页。

工人罢工斗争后,写的两篇短文。短文的内容清晰表明,陈云已具备了自觉的阶级意识,认清了中国工人运动发展的趋势和阶级使命,以及工人阶级组织起来的威力。陈云说,欧美各国工人,已有相当地位,组织了政党,取得了政权。而中国工人阶级没有集会、结社、言论、出版的权利,深受几重压迫,满腔苦痛无处诉。最近几年,尤其是五卅运动后,中国工人运动"比较急进了",成为"领导群众向资本帝国主义进攻,不折不挠"的"民族革命的先锋队"。中国工人阶级的责任很重,肩负两大使命:一是"须联络各阶级起来,作民族革命";二是"解放在水深火热中的自己,要继续不断地奋斗,争到我们最后胜利"。这两大责任"空口谈兵,是办不了的,也不是一两个人嘶喊就成功的,还要大家集中一个团体,作共同有组织的奋斗,才有成功的可能"。劳动阶级要拥有工会组织,"职工会是我们奋斗的武器,没有武器的徒手奋斗,多么危险!"[1] 虽然初次参加斗争,陈云已看清了资产阶级对工会的两面态度。他说:总工会不畏强暴的斗争精神,使帝国主义和封建军阀害怕,封了总工会。国内资产阶级"一面为了他们自己的利益,也想借这支生力军来反对资本帝国主义,一面又觉工人的势力太大了,不能保持他们的剥削手段",害怕工人组织起来,认为有去掉总工会的必要。这个时期的中国工人运动,固然处处受摧残,但是势力日日增加,不会被消灭的。"好比不倒翁一般,虽则暂时被压,他随时有雄立的可能,只要压力一松",正如京

---

[1] 参见"民"(陈云笔名):《职工在现社会的地位》,载上海商务印书馆发行所职工会编辑:《职工》创刊号,1925年11月。

汉总工会、上海总工会,虽受到军阀摧残,但"工人势力,却还是巍然存在"。①

陈云知行合一,认识到了,也做到了。1925年12月中旬,商务印书馆方违反8月劳资双方商定的复工条件,报复性地陆续开除百余名工人。发行所和印刷所职工会几度与资方交涉无效,于12月下旬举行第二次罢工,陈云再次参与领导了罢工斗争,并取得胜利。1926年1月,发行所职工会编辑了《职工》"罢工专号"。陈云发表了《我们为什么要罢工》和《罢工后职工应有的觉悟》两文。陈云据实说明:罢工是劳动界的武器,但我们不喜欢时常使用这个武器。因为罢工,公司营业受损失,社会不安定,军警还会借机打击工人。这次罢工完全是因馆方无诚意,阳奉阴违,破坏曾达成的复工协议,陆续开除工人"已百余人"。工会与馆方几经磋商而无果,为工人生计,"为援助被开除同人,保障自己利益",不得已而罢工。②针对这次罢工中资方软硬兼施、收买工贼的复杂情况,陈云深刻揭示:在商务资本家压迫之下,出卖劳动力的职工等于一种商品。这种地位决定了,工人和资本家是势不两立的两个阶级,有着根本不同的利益。所以,绝不要受资本家拉拢,瓦解自己斗争的阵线。只有工会是代表工人利益的;拥护工会,就是保障自己;吾们要坚固工会组织,不要被工贼利用。"绝对的集合在职工会指挥下,谋自己的利益,我们的口号是:打倒走狗!职工

---

① 参见"怀"(陈云笔名):《总工会是什么》,载上海商务印书馆发行所职工会编辑:《职工》创刊号,1925年11月。

② 参见"让"(陈云笔名):《我们为什么要罢工》,载上海商务印书馆发行所职工会编辑:《职工》罢工号(第三期),1926年1月。

大团结！拥护职工会！"①这两篇短文，反映出陈云政治上的进一步成熟，既具有坚定的无产阶级意识，又具备了冷静、沉着、不激进，有理有利地组织、团结和号召工人为维护自己生存利益而斗争的领导素质。

1925年5月，中共商务印书馆总支部成立后，陈云曾担任总支部干事、委员，兼任发行所分支部书记和发行所职工会党团书记，走上了中共商务党组织领导工人进行斗争的重要岗位。此后，陈云革命活动范围日益扩大。他接受中共上海区委和上海总工会的领导，1926年参与组织领导了商务职工纪念五卅惨案一周年的活动。上海店员总联合会成立后，陈云参加了店总的领导工作，根据党的指示，运用商务印书馆罢工经验，参与领导上海各行业（估衣、米业、南货、百货、中药业等）店员罢工斗争。1926年秋至1927年春，陈云作为基层工会领导人，先后三次参加上海工人为配合国民革命军北伐而举行的武装起义。在第三次武装起义准备过程中，陈云与徐梅坤、章郁庵几次陪同周恩来、赵世炎到商务印书馆工会，了解起义准备情况，查看地形等。

革命活动范围的扩展，使陈云的视野和胸怀进一步拓宽，开始思考中国革命道路问题。1926年6月，陈云在《职工》第八、九期合刊上，发表了《职工与革命》一文。陈云说："现在的社会，已形成了二个阶级——压迫阶级和被压迫阶级。""压迫阶级，互相联合起来，向被压迫阶级进攻。"我们职工处在帝国主义、国内

---

① 参见"民"（陈云笔名）：《罢工后职工应有的觉悟》，载上海商务印书馆发行所职工会编辑：《职工》罢工号（第三期），1926年1月。

反动军阀、资本家三重压迫下,"求解放自由岂是易事"。我们当"先从事于政治革命的工作,进而再做经济革命事业,以取得一切的自由"。①这表明陈云已悟到,党领导工运斗争,要从经济斗争聚集力量,再发展到政治斗争的规律。7月,陈云在《职工》第10期发表了《中国民族运动之过去与将来》一文。陈云在总结近代民族革命的历史经验中说:太平天国和义和团运动,都是中国盛大的民族运动,但因缺乏科学的组织和指导失败了。五四运动给帝国主义莫大打击,推进了中国民族运动的潮流,但因没有强有力地组织工农参加,也没有成功。五卅运动将中国民族运动升至高潮,帝国主义在中国的统治动摇了,但因资产阶级的投机态度,因没有发动农民参加,工人力量孤单,也受到挫折。由此,陈云坚定地指出:"在以农立国的中国,占全国人口百分之八十强的农民,是民族运动中唯一大主力。农民不参加运动,中国革命鲜有希望。""农民是中国民族运动的主力。"如何组织训练农民,"是中国很急迫需要解决的一个重要问题"。"觉悟的青年,应该担负起这种责任。""'到民间去',这是今后中国民族运动中的重要口号。"②从这篇短文中可以看出,陈云已认识到了中国革命的两个基本问题:一是发动农民是中国革命取得胜利的必要条件;二是觉悟的青年"到民间去"是动员组织农民的重要途径。

无论从实践活动,还是思想认识看,这时陈云都已完成了从店员到职业革命家的转变。"四一二"蒋介石背叛革命,对上海革

---

① 参见"一民"(陈云笔名):《职工与革命》,载上海商务印书馆发行所职工会编辑:《职工》八、九期合刊,1926年6月。

② 《陈云文选》第1卷,人民出版社1995年版,第1—3页。

命工人血腥屠杀。商务许多人都亲眼目睹了驻在闸北宝山路南口的浙江军阀部队袭击商务工人俱乐部,用机枪扫射宝山路游行示威的工人而血流成河的场面。残酷的阶级斗争现实,是对共产党员初心与使命的严峻考验,也是试金石。陈云曾回忆说:在反动政府的残酷打击下,商务印书馆一些工会领导人和共产党员分化为两种人:一种人"屈服了","并且为反动统治者服务";还有一种人"消极了",但"没有为反动统治服务",这种人"占很大数量"。①

人的行动受思想支配。在社会剧烈动荡下,持什么样的信念,就会有什么样的行动。明哲保身,顾及身家性命,这是许多普通人的心理常态。这种心态,陈云也有过。他在1936年7月2日撰写的自传中,谈到自己的入党动机时说:

"做店员的人,有家庭负担的人,常常在每个重要关头,个人利益与党的利益有冲突时,要不止一次地在脑筋中思想上发生矛盾。必须赖于革命理论与思想去克服个人利益的思想。比如,当我在参加革命后资本家威胁我时,我想到吃饭问题会发生危害,但立即又想到:怕什么?手足健全的人到处去得,可以到黄埔军校,可以卖大饼油条,只要立志革命,不怕没饭吃,归根结底只有推翻现在社会制度以后,才大家有饭吃。"②

1927年中国的政治环境,要比1925年陈云入党时的政治环境险恶和残酷得多。参加革命活动,已不仅是丢掉饭碗的问题,

---

① 参见陈云给中共商务印书馆上海印刷厂党总支答复有关20世纪20年代后半期商务印书馆工人斗争情况的复信,1958年10月31日。

② 参见中共中央文献研究室编:《文献与研究》(内刊),2007年第60期(总144期),第39页。

而是性命不保。而此时经过近两年革命活动磨炼的陈云，政治上更加成熟，信念也更加坚定。

"四一二"政变后，由于商务发行所职工的掩护，也因为陈云的政治身份没有暴露，公开身份还是国民党党员，仍能在馆内坚持斗争。但陈云所在的发行所职工会，被国民党当局强行改组。职工会的权力被国民党右派夺走，陈云等被排除出职工会。汪精卫在武汉发动"七一五"反革命政变后，陈云毅然退出国民党，在上海坚持地下斗争，担任中共沪中区委委员。许多工友为他的安危担忧，陈云坚定地说："铁窗风味，家常便饭。杀头枪毙，告老还乡。"[1] 革命意志，毫不动摇。

9月下旬，中共江苏省委根据党中央八七会议精神，动员上海共产党员到外县去发动农民，组织秋收暴动，陈云立即报名。临行前，陈云沉着坚毅地对朝夕相处的工友们说，自己要离开商务印书馆了，"我此去一不做官，二不要钱，三不妥协，只为了要跟反动派坚决斗争到底，求工人的解放"。[2] 此时革命处于低潮，陈云用他朴素的语言，在工友们面前，清清楚楚地袒露了他作为共产党员的初心和使命。当时商务印书馆上下都认为，以陈云的才能和勤奋，只要他放弃革命，在馆内是有上升发展前途的。陈云为了自觉确立而不断坚定地"改造社会""求工人解放"的信仰，放弃了能够得到的安稳小康生活，义无反顾地踏上了曲折艰辛、九死一生、前途未卜的革命道路。在商务职工的眼里，陈云离开

---

[1] 《陈云传》（一），中央文献出版社2015年版，第51页。
[2] 同上书，第52页。

商务印书馆"是为了群众利益而牺牲了自己的职业"。①他离馆的次日,国民党政府即派军警到商务印书馆抓捕他。

当时陈云还有一关没过,这就是亲情关。他回乡发动农民武装暴动,受到舅父廖文光的再三劝阻。舅父哭着对陈云说:"我们是穷人家,将来靠你吃饭,你如果暴动了,不能立足,家庭将来不知如何过活,你还是去找找朋友找些职业吧!"②陈云从小没有父母,是舅父和舅母含辛茹苦地把他养大,而且尽全力供他念到高小。这份恩情陈云至死难忘。他一直把舅父廖文光当作自己的父亲,在商务印书馆期间以至后来很长时期,都对外称名"廖陈云"。在舅父的恳求下,自小就懂得体恤长辈的陈云不可能无动于衷。陈云在回忆这段经历时在自传中写道:"犹豫三天,决然离家到农民家准备暴动。"③在"矛盾的思想又起来了"时,陈云同时也清楚地意识到:"不推翻现在社会制度,个人及家庭问题没有出路,只有到了革命成功时每个人可以劳动而得食时,人人家庭都可解放,我的家庭也就解放了。"陈云说:"在我个人的历史上,我觉得一个共产党员必须要有这些基本的政治上的认识(在入党前或入党时)是非常必要的。"④当时陈云所具有的远大胸怀和抱负,亲情能牵动他的心,但已动摇不了他的革命意志。

陈云没有料到与舅父这一别竟是永别。1939年前后,廖文光因病去世。此间近十年,陈云与舅父母失去了联系。因革命斗争

---

① 《陈云传》(一),中央文献出版社2015年版,第52页。
② 同上书,第55页。
③ 同上书,第54页。
④ 《陈云年谱》(修订本)上卷,中央文献出版社2015年版,第26页。

需要,他隐姓埋名,居无定所,经过险象环生的秘密地下斗争,经过艰苦卓绝的红军长征,历经艰险只身一人远赴苏联,完成党中央交付的秘密任务。又由苏联秘密赴新疆,完成迎接西路军的重任。当陈云到了延安,有了较安定的环境后,得知舅父病逝的消息,心里非常难过。陈云将公家救济的50元,加上新疆工作时津贴剩余的200元,委托正在国民党统治区工作的周恩来,寄回练塘,作为舅父的丧葬费。新中国成立后,陈云把舅母接到北京,养老送终。[①]

在商务印书馆,陈云从一名普普通通的学徒、店员,通过学习和社会活动的影响,自觉选择了马克思主义、共产主义信仰,加入了中国共产党。经过革命低潮血腥残酷的阶级斗争生死考验,陈云矢志不渝,始终坚守"必须要改造社会,才能解放人类",个人及家庭才有出路的入党初心;在革命道路上,始终与党同心同德、坚定不移,成长为以毛泽东为核心的第一代中央领导集体的重要成员,被党和国家誉为中华人民共和国的开国元勋。

对于一个深陷战乱、山河破碎的民族而言,中国共产党作为谋人民解放、谋民族复兴的中坚力量,唯有始终铭记初心和使命,才能形成战胜敌人和困难的巨大力量,使革命能够成为社会进步的强大动力。陈云认准了这点。1937年12月,他担任中共中央组织部部长后,始终教育共产党员,要坚定理想信念,"终身为共产主义奋斗",一直奋斗到"翘辫子"(上海话,意为奋斗到死),

---

① 参见中共中央文献研究室编著:《陈云画传》,浙江人民美术出版社2011年版,第4页。

并把这一点作为共产党员六条标准的第一条,[①] 给当时许多党员和奔赴延安的进步青年留下终身难忘的教诲。[②]

三、深厚的商务印书馆情结,对文化教育事业的无限关怀

陈云从 1919 年 12 月到 1927 年 9 月,在商务印书馆工作近八年。这八年在陈云人生旅途中有着特殊意义,在其心里留下了深厚的、一生难忘的情结。

陈云离开商务印书馆后,与商务的革命伙伴仍保持着联系。比如,中共地下党员、章乃器的弟弟章郁庵,又名章秋阳,他与陈云同在商务印书馆发行所工作,1925 年又一起领导商务发行所职工罢工,随后又都在上海店员总联合会从事革命工作。陈云离开上海,回乡从事农运工作后,章郁庵一直在上海坚持党的地下斗争,公开身份是上海东方信托储蓄公司高级职员、上海华商证券交易所经纪人。1931 年陈云领导中央特科工作时,曾派章郁庵打入金融界,为中共地下党组织了解金融情报,并协助处理大宗外汇兑换事宜。1935 年 7 月,陈云受党中央之命,回上海恢复党的地下组织和寻机恢复与共产国际的联系,主要受章郁庵的掩护,当时章公开身份是浙江省省防军第六团军需主任。在章的掩护下,陈云得以在上海落脚,弄清了上海地下党组织的情况。当

---

① 参见《陈云文选》第 1 卷,人民出版社 1995 年版,第 137 页。
② 宋平:《缅怀陈云同志》,载《缅怀陈云》,中央文献出版社 2000 年版,第 5—6 页。

时上海党组织情况非常复杂，陈云从报上看到自首叛变并认识他的人有72名之多，没有章郁庵的掩护，以及商务印书馆罢工时的工友、中共党员孙诗圃等的协同掩护，陈云在上海根本无法存身。在确定当时恢复党组织活动没有希望后，又是章郁庵找到潘汉年的弟弟潘渭年，同在香港的潘汉年取得联系，并如期与潘汉年在上海会面，商量了赴苏行动计划；章又设法找到上海中央特科的关系，将陈云安置在法租界地下党员朱军家中，直到陈云从上海去苏联。①章郁庵1940年2月被国民党特务暗害于屯溪。陈云与孙诗圃的关系一直保持到晚年。

陈云始终关怀商务印书馆的发展。他念念不忘将他引入商务印书馆的老师张行恭，以及他在商务起步时帮助和指教过他的师傅张子宏，还有与他在商务朝夕相处的师兄陈竹平。陈云多次利用去上海的机会看望他们，与他们通信，始终保持联系。②1949年7月下旬至8月下旬，陈云在上海调研并主持财经会议期间，专程赴上海商务印书馆探望做学徒时的师傅和工友们，并向馆方提出两点要求：一是工人的保留工资不能取消，二是对已故工人的家属要给予照顾。③1952年陈云主持第二次工商业调整期间，接见了商务印书馆工会主席石敏良。陈云告诉他，商务印书馆申请公私合营够条件；并嘱咐石敏良，公私合营后，商务印书馆的名称要保留，即使将来进入国营，这块招牌也不能丢。他对石敏良说："你

---

① 参见《陈云年谱》（修订本）上卷，中央文献出版社2015年版，第127、207—208页。
② 参见《陈云传》（一），中央文献出版社2015年版，第16—17页。
③ 参见《陈云年谱》（修订本）上卷，中央文献出版社2015年版，第734页。

回去对同仁们讲,就说是陈云讲的,请他们不要认为一解放就到了共产主义社会,解放仅仅是新民主主义向社会主义过渡的起点。从起点到终点,中间有个距离,要一步一步地走,不能一步到达。在生活方面要求不能太高,我们这一代人还要苦一苦。前人种树,后人乘凉;前人不种树,后人难乘凉。"1957年3月,陈云到上海视察,在视察的单位中,专门安排了商务印书馆。①

1982年2月11日是商务建馆85周年纪念日。商务印书馆领导准备在北京、上海、香港三地举行较大规模的纪念会。时值拨乱反正完成不久,改革开放和社会主义现代化建设都处在开拓阶段,陈云担任党和国家多项要职,格外繁忙,且年事已高。原本馆领导不打算打扰陈云,但陈云长期关怀商务印书馆的情结,又使馆领导不能不告诉他。陈云得知消息后,专门写了题词,派人送到馆里。题词写道:"商务印书馆是我在那里当过学徒、店员,也进行过阶级斗争的地方。应该说商务印书馆在解放前是中国的一个很重要的文化教育事业单位。"② 两句质朴的话,饱含了陈云半个多世纪对商务印书馆的厚爱深情,透彻揭示了商务印书馆职工运动在早期党的工人运动史中的地位,揭示了商务在近代中国文化教育及出版史中的地位,"对解放前的商务印书馆作了充分的评价"。在纪念会上宣读后,群情振奋;经陈云同意,在电台、报纸、电视台上公布,引起海内外很大反响。③

---

① 参见《陈云年谱》(修订本)中卷,中央文献出版社2015年版,第248、536页。
② 《陈云文集》第3卷,中央文献出版社2005年版,第500页。
③ 参见陈原(时任商务印书馆总编辑兼总经理):《最后一班岗——我在商务印书馆做了的和没做的》,《商务印书馆九十年》,商务印书馆1987年版,第464—466页。

陈云善于利用他在商务印书馆的关系和影响为党进行工作。1935年11月,陈云在苏联期间,恰好吴玉章受中共驻共产国际代表团委派,准备赴巴黎建立印刷所,扩大《救国时报》的发行量,需要汉字铜模。《救国时报》原名《救国报》,是中国共产党在国外从事宣传的机关报,《八一宣言》就是最先刊登在这份报纸上的。法国政府应国民党政府的要求,勒令《救国报》停刊。吴玉章找法国共产党商量,把《救国报》改称为《救国时报》继续出版。这份报纸最初是在莫斯科排版后,用航空把纸版带到巴黎印刷出版,发行量有限。陈云到苏联后,了解到这个情况,便利用他在商务印书馆的关系,帮助吴玉章搞到汉字铜模,在巴黎建立了印刷所,扩大了报纸印刷规模,解决了国内外所需发行量,加强了对抗日民族统一战线政策的宣传。①

陈云以商务情结为党的统战工作作出重要贡献。在此举三例。

第一,1949年5月上旬,陈云奉命由东北达北平,参加中央财政经济委员会的组建。6月21日,陈云同周恩来宴请了即将赴沪的黄炎培和陈叔通等。陈叔通曾任商务印书馆董事,在新政协筹备会议上被推为筹备委员会副主任。陈云同周恩来建议他们动员上海资本家恢复生产,打通航运,打击帝国主义的封锁和破坏活动。②在此后,黄炎培和陈叔通对促进私营民族经济在新中国新民主主义经济中的健康发展,都起了积极作用。

第二,1949年8月下旬,陈云在主持中财委召开上海财经会

---

① 参见《陈云年谱》(修订本)上卷,中央文献出版社2015年版,第215—216页。
② 同上书,第729—730页。

议后,临回北平前专门安排拜访了张元济。张元济是清光绪年间进士,曾在总理衙门任章京,办理文书事务,当时"章京中懂洋文的只有张先生一个人",他"主张向西方国家学习";因参与戊戌维新变法,被慈禧钦批"革职永不叙用"。①特殊的人生经历,使张元济走上启迪民智的救国之途。被革职后,张元济赴上海,在盛宣怀创办的南洋公学的译书院任院长,后继任总理。1902年他入主商务印书馆,先后任编译所所长、经理、监理及董事长。在商务印书馆张元济找到人生坐标,以他的才华促使商务印书馆发生历史性变化,完成了由单纯的印书馆向现代出版集团,向中国文化集散地的转型;在新文化运动中"与《新青年》、北京大学三足鼎立,构成了近代中国文化发展的三大重镇"。②茅盾评价张元济"不但是个有远见、有魄力的企业家,同时又是一个学贯中西、博古通今的人"。陈原评价张元济,有着"以传播文明为己任的、真正的民族出版家的气概"。③张元济将一生心血都倾注在了商务印书馆的发展上,王绍曾评价张元济,完成了六项重大的文化事业:编辑近代中国第一部小学教科书;重视汉译科技和社会科学名著;创办涵芬楼和东方图书馆;改进新式排字机;辑印《四部丛刊》《百衲本二十四史》《续古逸丛书》;辑印《丛书集成初编》及《景印四

---

① 参见王绍曾:《近代出版家张元济》,商务印书馆1984年版,第5、8、10页。
② 参见史春风:《商务印书馆与中国近代文化》,北京大学出版社2006年版,第1页;引语选自郑师渠为此书作的《序》。
③ 陈原:《商务印书馆九十年》,《商务印书馆九十五年》,商务印书馆1992年版,第467、468页。

库全书珍本初集》。①这六件大事,也是商务印书馆的六大功绩。陈云敬重张元济的开明与学识,以及他对中国文化事业的贡献;记着自己入馆之初对自己身世的同情和提供就业机会上的网开一面。会面时,陈云告诉张元济,他在东北工作时,曾到商务印书馆沈阳、长春分馆去过,各方面情况都好,请他放心。陈云还向张元济介绍了中国共产党在新民主主义时期的经济政策。时值新中国成立前夕,中财委日理万机,异常繁忙,且陈云身居高位,主持着新中国成立前的许多重要工作。张元济为陈云的真诚所感动。陈云拜访之前,张元济曾收到中共上海市委向他转达的,中共中央电邀他赴北平参加中国人民政治协商会议的通知,他以"年力衰迈,方染微恙",不便远游,复书谢辞。②陈云的到访,"反映了中国共产党人团结广大爱国人士、共同建设国家的宽广胸怀","感动了张元济,推动他迈出新的一步"。③张元济欣然北上,并在全国政协第一次会议上,当选全国政协委员。期间,受到毛泽东的接见、朱德的拜访以及陈云的二度拜访。④共产党的坦诚,深深感动了经历过晚清政府、北洋政府、国民党政府三个黑暗统治时代,82岁高龄的张元济,使他改变了不再涉足政治的想法。张元济回沪后,在商务印书馆所作的《出席政协会议之回忆》报告中说:"我们唯有在共产党的领导下,埋头苦干,奋发图强","建设起独立、

---

① 参见王绍曾:《记张元济先生在商务印书馆办的几件事》,《商务印书馆九十五年》,商务印书馆1992年版,第24—35页。
② 参见张树年编:《张元济年谱》,商务印书馆1991年版,第546页。
③ 柳和城:《书里书外——张元济与现代中国出版》,上海交通大学出版社2017年版,第677页。
④ 张树年编:《张元济年谱》,商务印书馆1991年版,第546、548、549、550页。

民主、和平、统一和富强的新中国"。①后张元济出任了华东军政委员会委员、上海文史馆馆长、公私合营商务印书馆董事长,当选为第一届全国人民代表大会代表。②1984年9月14日,陈云为设在海盐即将开馆的"张元济图书馆"题写了馆名。③

第三,1983年12月25日,由中共中央台湾工作办公室安排,陈云在住所接见了受陈立夫、陶希圣之托,前来看望他的香港商人。陶希圣,20世纪20年代曾在上海商务印书馆当编辑,40年代一度担任蒋介石秘书,兼任国民党中央宣传部副部长。陈云抓住这个机会,围绕从国家民族的大局出发实现祖国统一这个主题,阐述了中国共产党的方针政策④,并进肺腑之言,以积极推动祖国统一事业的发展。陈云说:

"现在我们两边虽然吵架,但都坚持只有一个中国、反对台湾独立的立场。在这一点上,我们两边是一致的。将来我们这边的老一辈人不在了,接我们班的人仍然会坚持这个立场,而且能够坚持下去。但他们那边的老人不在时,接他们班的人是否会坚持这个立场;如果坚持,客观上是否能坚持得住,这些就很难说。因此,要趁我们这些老人还在的时候,早做打算,早下决心,先把国家统一起来。这样,即使他们身后有人要搞台湾独立,也就不那么容易了。"

"世界上并不是所有国家的人都愿意看到中国的统一,有人

---

① 张树年编:《张元济年谱》,商务印书馆1991年版,第552—553页。
② 参见王绍曾:《近代出版家张元济》,商务印书馆1984年版,第17页。
③ 参见《陈云年谱》(修订本)下卷,中央文献出版社2015年版,第412页。
④ 参见《陈云文选》第3卷,人民出版社1995年版,第334—335页。

死抓住台湾不放，把台湾看成是自己'不沉的航空母舰'，他们是一定要千方百计从中阻挠和破坏的，到时候是什么手段都使得出来的。因此，要提高警惕，尽可能采取一些防范措施。"①

陈云托香港商人向陈立夫、陶希圣转达的一席话，真诚、实在、深刻，与政务交往中的辞令风格完全不同。如果没有陶希圣曾在商务印书馆工作的这层关系，仅对陈立夫，向来稳健、深沉、冷静的陈云不会在政务场合带感情色彩地与客人交谈，且将话说得如此直白。后来台湾与大陆统一的问题，由于蒋经国的突然去世，的确出现了陈云话中担忧的局面。

商务印书馆对陈云的成长也有重要影响。除前面所叙述，陈云在商务受到革命实践的启蒙、思想发生转变，成为职业革命家的经历外，商务印书馆对陈云的视野、素养、品格都有一定的影响，这块中国文化事业中的瑰宝滋养了陈云。

现代经济管理意识的滋养。商务印书馆作为近代中国第一家现代意义上的出版文化企业，在陈云进馆时，已具备了完善的现代化企业运作制度、经营管理制度和企业组织机构，各项规章制度完备。陈云在这样一个环境学徒，做店员，对现代经济管理有了较深的感性认识。陈云在领导党和国家经济工作中，曾多次提到商务印书馆的管理经验。比如：在西北财经办事处时，陈云曾在 1944 年 12 月的财经问题报告中，用商务管理经验教育财经干部，做"兢兢业业的商人"，要规定"买货要怎样，秤要怎样，尺要怎样。要规定条例，如入货条例、出货条例、运输条例、查账条

---

① 《陈云文选》第 3 卷，人民出版社 1995 年版，第 334、335 页。

例"……以此克服经商中的"大少爷"作风。①1952年6月,陈云在全国统战工作汇报会,讲市场情况与公私关系问题中的名牌货时,专门提到商务印书馆书包的名牌效益。②1955年1月,陈云在上海局会议讲话中,谈到在上海视察商业零售与批发问题时说:"现在的百货公司太大,包括一切,必须分细一点。应该增加一级批发站的业务人员。一级批发站主要是上海、天津,营业大,但是业务人员少。花纱布公司每年经营十七万亿元,等于六亿元光洋,但是业务人员只有二千三百人。过去,商务印书馆的资金只有二百万元光洋,业务人员就有五百多人。"③离开商务经营业务已30多年,一些基本数字陈云仍可随口而出,可见商务印书馆的管理对陈云熏陶和训练之深。社会主义建设时期,陈云在中共第一代领导集体中的现代经营管理意识比较超前,这与陈云青年时期在上海商务印书馆工作过的经历有着密切关系。

中西各类文化与教育思想的滋养。商务印书馆不是一个单一的出书机构,而是一个庞大的文化教育综合体。以教科书先行,继之以字典辞典等各种工具书,并在整理国故和传播西学两个方面都作出里程碑式的贡献,整个20世纪20年代商务印书馆可以说引领中国文化潮流,近代中国任何出版单位罕与其匹。陈云恰好于这个时期在商务当学徒、当店员,受到商务良好的文化教育熏陶。陈云长期领导国家的经济工作,改革开放新时期,率先提出古籍整理,并多次谈及教育事业的发展,特别是中小学教育的

---

① 参见《陈云文集》第1卷,中央文献出版社2005年版,第393页。
② 参见《陈云文选》第2卷,人民出版社1995年版,第174页。
③ 《陈云文集》第2卷,中央文献出版社2005年版,第567页。

发展等问题，不少人不能理解，因为这些方面都不是陈云分管的工作，特别是对整理古籍的工作，陈云谈得很在行。但如果了解了陈云在商务印书馆工作期间商务文化教育事业的发展，就不难理解了。张元济一生致力于《四库全书》的整理，陈云在馆时，此事已启动，且在积极进行。乾隆年间共抄录七部《四库全书》，下令分藏全国各地。先抄好的四部分别珍藏于紫禁城文渊阁、沈阳文溯阁、圆明园文源阁、承德文津阁，这是所谓的"北四阁"。后抄好的三部分别珍藏于扬州文汇阁、镇江文宗阁、杭州文澜阁，这是所谓的"南三阁"。1977年6月15日，陈云在杭州评弹座谈会的讲话中说，《四库全书》浙江（杭州）有一部。"一九二三年我在商务印书馆工作时，曾去看过一次。这次来又去看了一看，已经五十四年了。过去，我曾经提出，要找一些老人对那些古书进行圈点。中国的古书是没有标点符号的，好难看懂。如果圈点，就容易看懂了。所以，我提出要赶快做，如果那些老人都死了，就难办了。"[①]陈云这段话说明，他在商务工作时曾去杭州看过文澜阁珍藏本，按他当时的水平，不可能参加整理工作，但商务启动的这件事他关注了，并留下很深印象，以至时隔半个世纪谈起此事仍兴致勃勃。另外也说明陈云1977年就有了整理古籍的念头，正式提出是1981年4月。1981年9月10日，中共中央书记处会议讨论了陈云关于整理古籍问题的谈话要点，并作为中央文件下发。[②]大规模整理古籍的工作由此启动。这也从某个层面说明，陈云传承

[①]《陈云文集》第3卷，中央文献出版社2005年版，第426页。
[②] 参见《陈云文选》第3卷，人民出版社1995年版，第289—291页。

并推进了商务整理中国文化古籍的传统和事业,对中华民族优秀文化的传播继承、发扬光大作出重要贡献。

品格、素质、处事态度的滋养。商务各个时期的领导层对知识、对人才都十分尊重,对新人才广泛吸纳和培养。创办人夏瑞芳文化水平不高,但他请到了学贯中西的张元济,使商务印书馆发展成为中国文化的重镇。张元济主政期间,无时无刻不把人才问题放在首位。"在张元济的工作日记中,占很大篇幅的就是人才的吸纳和使用,其中提到的人名不计其数。"[①] 在兼容并包、兼收并蓄的治馆态度下,商务汇聚四海英才,且党派各异。中国共产党早期领袖陈独秀曾任商务馆外编辑,瞿秋白、蔡和森等也在商务发表过文章;后来中华人民共和国的文化名人黄炎培、陈叔通、沈雁冰、胡愈之、郑振铎、马叙伦、郭沫若、竺可桢、巴金、丁玲等或在商务印书馆工作多年,或与商务关系密切;更多独善其身、特立独行的个性鲜明的新知识分子,如康有为、梁启超、胡适、蔡元培、鲁迅、周建人、叶圣陶、陶孟和、韦悫等都与商务有不解之缘。包括国民党的"精英"人物汪精卫、吴稚晖也与商务交情不薄。商务之所以有这样的人才格局,与管理层的眼光、处人处事的态度,以及信誉等都有着重要关系。当时耳濡目染,在精神品质上对陈云有着较深的影响。比如对鲁迅,陈云一生钟爱有加,晚年重复书写条幅较多的是鲁迅"横眉冷对千夫指,俯首甘为孺子牛"的诗句。商务"兼容并包,兼收并蓄"的宽宏大量的用人风格,对陈云也有影响。陈云出任中央组织部部长七年间,提出了"了解人""气量

[①] 史春风:《商务印书馆与中国近代文化》,北京大学出版社2006年版,第184页。

大""用得好""爱护人"的干部政策，团结聚集了来自各个阶层、各种职业的抗日救国精英，促进了新老干部、知识分子干部和工农干部、军队干部和地方干部的团结，这期间党员队伍由初到延安时的几万人，发展到1945年七大时的121万人。新中国成立后，陈云在领导经济建设中，尊重专家，善于和知识分子打交道，调动其积极性，聚集各方力量，建设新中国，工作做得有声有色。在善用专家和对知识分子的教育和改造方面，陈云在党和国家领导人中可以说是出类拔萃者之一。

翻开尘封的历史，了解伟人陈云，一个普通的贫苦农家子弟，在商务印书馆这个平台成长、确立信仰、意识到工人阶级使命、走上革命道路，我们可以受到许多启示。青年时期，发奋图强、努力工作，为自己营造幸福家园，这是许多青年人的常态。但只有那些把个人的奋斗与祖国和人民命运结合起来，有着远大抱负的青年人，才有可能成长为国家、民族的栋梁之材。陈云凭借个人才能和努力，在商务本可以有好的个人前途，但他不安于个人安逸和利益，在学习和社会实践的磨炼中，自觉选择和确立了"改造社会""解放人类"的初心和使命。这条人生道路，荆棘丛生，出生入死，艰苦卓绝。是信仰的力量，引导和支撑陈云义无反顾地走了下去，使他在中国共产党彻底改变近代中国积贫积弱、受人欺凌的悲惨命运，使中华民族实现伟大复兴的壮阔道路上，成就了一番伟业。

信仰是人生价值的标准和奋斗目标，也是前进的动力。不同信仰塑造不同人生，对社会的贡献截然不同。所以，教育和引导青年人自觉选择推动历史进步的人生道路，树立正确的人生观和价值观，树立远大的抱负和理想，是促进社会进步的重要事业。

许多同陈云有着一样抱负的青年人,在这条为中国人民谋幸福、为中华民族谋复兴的道路上牺牲了。他们甘愿为自己选择的事业献身,是因为他们在选择这项事业时,没有掺杂个人的私心杂念。有私欲或私欲重的人在这条路上,是坚持不下来的。大浪淘沙,烈火识金。无论是革命、建设、改革,还是新时代,不少投机者不是出局了吗?历史和现实都已昭示了共产党员矢志不渝、百折不挠地坚守理想和信仰,坚守入党初心和使命的基本途径,这就是"要用马克思主义科学理论武装头脑,把理想信念建立在对科学理论的理性认同上,建立在对历史规律的正确认识上,建立在对基本国情的准确把握上"。[①] 习近平总书记这段话,亦深刻揭示了老一辈无产阶级革命家牢记初心、不忘使命的基本成长规律。这也正是以习近平同志为核心的党中央不断强化党的政治建设、思想建设、理论建设,不断教育全党"不忘初心、牢记使命"的深刻实践意义之所在。

(作者单位:中共中央党史和文献研究院)

---

① 习近平:《推进党的建设新的伟大工程要一以贯之》,《求是》2019年第19期。

商务印书馆是陈云走上革命道路的起点

陈麟辉

陈云是伟大的无产阶级革命家、政治家，杰出的马克思主义者，中国社会主义经济建设的重要开创者和奠基人，党和国家久经考验的卓越领导人。陈云的成长，离不开年轻时在家乡上海的历练。他晚年曾回忆说："从青浦到上海，这是我人生中间，非常重要的一段，这步迈出去以后，才有机会接触到共产党，才有这一生。"[①]在陈云这段人生转折中，绕不开一个重要的地方，那就是上海商务印书馆。1919年12月，陈云进商务印书馆当学徒，直到1927年9月离开。他在这里接受了马克思主义，加入了中国共产党，参与领导工人运动等革命活动。商务印书馆既是陈云走上革命道路的起点，在商务印书馆的历练也对其之后的人生和革命生涯产生了非常重要的影响。

---

① 陈云故居暨青浦革命历史纪念馆编：《走近陈云——口述历史馆藏资料辑录》，中央文献出版社2008年版，第6页。

一、陈云在商务印书馆的学习收获

(一)刻苦学习,接受进步思潮洗礼

商务印书馆自成立以来,担当着知识生产和文化传播的重要使命。它不仅仅是一家出版社,更是既致力于整理弘扬中国传统文化,又重视引进西方科学知识的重要文化机构。

商务印书馆非常重视职工教育。早在1913年,商务印书馆就大力开展职工培训工作,称其"设商业补习学校,教授中外书算及贸易事件,编译所中亦时招募生徒,供编校缮写之用。今年又招募近地贫民子弟数百人,以资食宿,令学浅近印刷装订等事"[①]。陈云就职时,商务印书馆在上海火车北站华兴路职员集体宿舍附近设立了上海图书学校,为员工业余教授英文、图书分类知识以及书刊出版、印刷的有关知识。馆方鼓励学徒进夜校读书,学习成绩可以作为升级、加薪的依据。此外陈云还参加了进修班,学习内容有英文、练习毛笔字等。他在后来的回忆中说道:"我应该说在商务时期,对我在文化上的得益很大,全部'童话'、'旧小说'、'少年丛书'都看了,有时也可翻翻杂志。同时我自信也是很用功的一个人,练字,上夜校(商务办的),读英文。"[②] 在商务印书馆工作生活期间,正是陈云在文化、经济、社会方面进行深入学习的几年。尽管陈云的文化程度只是高小毕业,但他在商务印书馆积淀

[①]《商务印书馆成绩概略(民国二年四月)》,汪耀华编:《商务印书馆史料选编(1897—1950)》,上海书店出版社2017年版,第5页。

[②]《陈云传》(一),中央文献出版社2015年版,第20页。

了文化素养，养成了学习、思考、写作的习惯，为以后从事革命工作奠定了基础。

在这样一个环境里，陈云不断接受进步思想的熏陶。特别是在十月革命的影响下，宣传马列主义的书籍和苏联的进步书刊相继在商务印书馆出版，其中有李季翻译的《社会主义之思潮及运动》，范寿康等的《马克思主义与唯物史观》和施存统翻译的《马克思主义和达尔文主义》，瞿秋白的《新俄国游记》和"苏联丛书"，还有沈雁冰翻译的《国家与革命》《共产主义是什么意思》等书报。商务印书馆浓厚的文化氛围，为陈云刻苦学习、追求革命真理提供了得天独厚的条件。他还参加了应修人、楼适夷创办的读书团体——上海通信图书馆的读书活动，比较集中地研读了《马克思主义浅说》《辩证唯物论》和《共产主义ABC》等书籍，以及《新青年》《向导》等刊物。由于这些进步书刊在公开场合下不能阅读，他就在夜深人静时悄悄地学习。通过阅读革命书籍，陈云的政治觉悟和理论水平有了很大提高，这为他树立革命理想、确立共产主义世界观奠定了坚实的思想基础。

（二）艰难环境，磨砺坚强意志

1919年12月8日，年仅14岁的陈云在班主任张行恭老师的带领下，离开了家乡练塘小镇来到商务印书馆文具柜当学徒。对这段经历，陈云回忆说："我十五岁的一九一九年十月十七即到上海进商务印书馆，开始发行所主任不要我，说我太小，后张子宏说情，收下了，即在文具部当学徒，每月三元，公司还供食宿，其余自备。第二年加二元，第三年加二元，第四年不加。大约到一九二五年还只九元一月。此时在商务虹口分店。"① 在商务印书馆，陈云利用一切的机会刻苦学习。发行所每天营业时间长达12个小时，加上路上往返时间，实际达十四五个小时。一天工作下来，疲惫不堪。在大多数日子里，集体宿舍里最后一个休息的是陈云，最早一个起床的也是陈云。与陈云一起工作、一起住宿的商务工友陈竹平后来回忆："每天清晨，天还没亮他就起身读书、写字、学英文；晚上下班后，回到宿舍也是读书写字到深夜，成年累月从未间断过。"②

在商务印书馆，陈云工作认真细致，再加上他待人态度谦虚，不久就深受同事们的信任和称赞。据张行恭回忆，陈云"自从当了学徒后，其记忆力之强和做事的谨慎细心，较子宏当年，更为上进。也因为接触外国人直接购货关系，去上夜校补习外语，不到三个月，成绩已斐然。从此，其他各部门，也要他去整理刷新，常常争相调用"。③ 由于他表现突出，只当了两年学徒，店方提前一年将陈云升为店员（学徒期一般是三年）。陈云经过学习工作的磨砺，培养出坚强的意志和注重实干的精神，为他日后从事艰苦的革命工作提供了必要条件。

（三）立足商务，积累经济管理知识

北京大学教授陈平原说："做出版，若不赚钱，必定是短命的。"当时商务印书馆不仅是一个文化教育单位，也是一个生产商

---

① 《陈云传》（一），中央文献出版社2015年版，第15—16页。
② 陈云故居暨青浦革命历史纪念馆编：《走近陈云——口述历史馆藏资料辑录》，中央文献出版社2008年版，第8页。
③ 张行恭：《我推荐陈云进商务印书馆》，《世纪》2003年第5期。

品、自负盈亏的经济单位。学徒期间,陈云勤学好问,很快就成为业务能手。据陈竹平回忆:"凡是文具柜里的粗细事务,接待顾客,整理货物,他都能担当,而且都很熟悉,获得了大家的赞扬。"①1944年,陈云在《学会做共产党的商人》一文中回忆说:"我从前在上海洋行里,卖过铅笔、信封、信纸、钢笔。铅笔什么牌子好,我懂得。一支派克笔是什么价钱,真假如何,这一点我也内行。"②1952年,陈云在领导经济工作时,专门讲到名牌货的问题,他说:名牌货要提倡,不要名牌货不好。他还专门举了商务印书馆的例子,说:"早先在上海的时候,世界书局、中华书局、商务印书馆几家共同组织了一个书店,我是被派去的一个。有一个人要买小孩用的书包,问多少钱,我说一块钱。他说,有一块钱还不如到商务印书馆去买哩。实际上是一样的东西,只是用了另一个牌子,但是他就认为商务印书馆的好。老百姓要名牌货,这个要求是合理的,取消名牌货不好。"③由此可见,在商务印书馆的工作,对陈云日后从事经济工作产生了重要影响。

在商务印书馆,陈云的珠算能力也在原来基础上有了很大提高,还积累了不少心得。他后来说:"要会打算盘。不学会打算盘,生意就不好做。"应该说,在这里,陈云积累了企业经营管理和交易所、金融市场、商业方面的经济知识,初步学会了如何做经济工作。此前在舅父的小酒馆里,陈云耳闻目睹的是简单商品生产的

---

① 参见中共中央文献研究室编:《陈云画传》,浙江人民美术出版社2011年版,第11页。
② 《陈云传》(一),中央文献出版社2015年版,第18页。
③ 《陈云文选》第2卷,人民出版社1995年版,第174页。

经济过程，但来到商务印书馆之后，陈云目睹了资本主义商品生产的经济过程，可以说他对企业运转和经济管理的认识上了一个新台阶。他不仅由商务印书馆走上了革命道路、成为职业革命家，也为后来成为"共和国的红色掌柜"，主持全国财政经济工作打下了初步基础。

二、陈云在商务印书馆的思想转变与加入中国共产党

（一）在五卅中经受锻炼

上海是近代中国最大的工业城市，当时这里聚集着占全国总数近三分之一的工人。日本和英国等国在上海开设了许多工厂，仅日本开设的纺织厂就有37家，这些工厂雇佣大量女工和童工，残酷地榨取他们的血汗。1925年5月15日，上海"内外棉"七厂的日本资本家枪杀该厂工人、共产党员顾正红，打死工人十余人，这一事件成为五卅运动的导火索。5月30日上午，上海工人和学生在公共租界举行声援纱厂工人的街头宣传和示威游行，租界当局大肆拘捕爱国学生。当万余名愤怒的群众聚集在南京路时，英国巡捕公然开枪打死学生、工人13人，重伤数十人，制造了震惊中外的五卅惨案。

6月1日，由中国共产党领导的上海总工会宣告成立，并宣布为反对帝国主义屠杀中国人民举行总同盟罢工。随后，上海学生联合会、上海总商会和各马路商界联合会也宣布总罢课和总罢市。全国各地纷纷响应。一场反帝爱国运动迅速席卷全国。6月3日，

商务印书馆编译所郑振铎、沈雁冰、胡愈之、叶圣陶等编辑的署名上海学术团体对外联合会主编的《公理日报》创刊，抨击帝国主义的血腥罪行。

在这场疾风骤雨般的反帝爱国运动中，陈云和商务印书馆的大部分工友们参加了罢市和游行，他们上街义卖《公理日报》，还组织募捐活动，扩大了《公理日报》的影响力。这时，陈云虽然"还只是一个随资本家罢市的店员"，但在参与这场运动的过程中，目睹了帝国主义的凶残面目，也体验到工人阶级和其他爱国群众的斗争热情，看到了蕴藏在他们中间的巨大力量。陈云的思想发生了重大变化。他在1926年7月写的《中国民族运动之过去与将来》中高度评价了五卅运动的历史意义，指出："震惊全世界的五卅运动，将中国民族运动升至高潮。""五卅运动的结果证明，资产阶级是靠不住的，他们是机会主义者。同时，工人也感觉到自己力量的孤单，因为没有在中国民族运动上占着重要位置的强有力的主力——整个农民的参加。"[①]

可以说，五卅运动的洗礼，对陈云具有重要的启蒙意义，并引领陈云开始走上革命的道路。正因如此，1985年陈云题词"纪念五卅运动六十周年"。1990年，为纪念五卅运动65周年，陈云又为五卅运动纪念碑题写了碑名。

（二）组织商务印书馆大罢工

五卅运动以后，陈云参与组织和领导了商务印书馆职工罢工，显露出非凡的组织才能和高超的智慧。商务印书馆是上海最大的

---

① 《陈云文选》第1卷，人民出版社1995年版，第1—3页。

一家出版机构,有为数众多的低薪职工,他们收入微薄,处境艰难,遭受着种种不公正的待遇。五卅运动的爆发给商务印书馆的职工们以巨大的鼓舞,他们认识到必须为争取自己的利益进行斗争。

1925年8月上旬,陈云、章郁庵等商务印书馆发行所积极分子,酝酿以罢工的形式向馆方提出承认工会、增加工资等要求。为了加强对罢工斗争的领导,中共中央决定成立以徐梅坤为书记,包括沈雁冰、章郁庵等十余人在内的临时党团。陈云因为在发行所的职工队伍中具有很高的威望及在五卅运动中的突出表现,被视作组织罢工的骨干。罢工临时党团以五卅宣传队的名义,在上海天通庵路德兴里的三民公学内举行了秘密会议,陈云也参加了这次会议。会议研究了这次罢工的策略、方法和步骤,并且决定由发行所首先发动罢工。8月21日晚,陈云主持召开商务印书馆发行所工人运动积极分子会议,到会168人,至22日凌晨结束。会上决定发起罢工,草拟了罢工宣言、复工条件和职工会章程草案等文件,并选举了由15人组成的罢工临时委员会,陈云被推举为委员长。

陈云和几位先进职工夜以继日地思考和准备罢工的各项工作,进行了周密部署。同事回忆:"罢工前夕,陈云同志又开会到深夜,组织了纠察队,并连夜派人到河南路发行所,将大门及各部门办公室的钥匙全部收集起来,还将工人们上下班的记录卡也都拿掉。等到天明,我们前去上班时,前后门都有纠察队把守,我们从后门进去,到了四楼,饭厅已布置成一个大会场,每个人都分到油印的罢工宣言和对资方提出的各项条件。"①8月22日上午,发

---

① 转引自《陈云传》(一),中央文献出版社2015年版,第29页。

行所正式开始罢工。陈云带领一些罢工骨干,细致地检查位于河南路的商务印书馆发行所罢工前的各项准备工作,随即召集四百多名职工在四楼膳厅开会,陈云担任会议主席,会议宣告商务印书馆发行所职工会成立,推选陈云为委员长。陈云后来回忆说:"1925年8月21日的商务罢工我是领导的一个人,任当时发行所罢委的委员长。罢工以后即组织工作,我即当选为工会委员长。"①当时,陈云年仅20岁。

发行所罢工后,陈云、徐新之、恽雨棠等代表职工会,前往宝山路印刷所联络配合。12时半,印刷所响应罢工,并提出8项复工条件。8月23日上午,印刷所工会、总务处及发行所职工会联合派代表,携带《告编译所同仁书》,前往编译所争取支持。信中说:"我们为争取改善待遇,已经从前天起罢工了……现在我们诚恳地要求你们,对于我们的行动,表示同情的援助。要求你们和我们一致行动。快到俱乐部开会呀!产生出你们公意的要求。"8月24日清晨,编译所参加罢工。至此,商务印书馆"三所一处"全部参加罢工。罢工执行委员会还写信给商务印书馆在全国各地的30多个分馆的职工,希望大家能够一致行动。

24日下午,"三所一处"职工代表举行联席会议,会上综合四方意见,由沈雁冰执笔写成与馆方正式谈判的复工条件,要求承认工会、提高福利待遇等。会后,8月24日、26日、27日,联席会议的13位代表与馆方代表举行了3次谈判。8月27日,迫于职工斗争和学生团体的压力,馆方做出让步,承认工会有协调职

---

① 《陈云传》(一),中央文献出版社2015年版,第30—31页。

工与公司之效用,并承诺增加工资、减少工时;公司不得开除参加这次罢工的职工,罢工期间的工资照常发放。[1]历时6天的罢工斗争,取得了胜利。这次大罢工改善了商务职工的经济待遇,也标志着五卅运动以后中国共产党领导下的工人运动的迅猛发展。在谈判期间,作为发行所职工会委员长的陈云,每天都主持职工大会,及时通报罢工的进展和劳资双方谈判的情况,鼓励职工们坚持斗争,不达目的决不复工。

同年12月上旬,商务馆方违反8月商定的复工条件,报复性地开除发行所和印刷所17名工人,目的是"要试验工会力量"。工会几度交涉毫无结果。12月22日至25日,发行所和印刷所的职工掀起了第二次大罢工。陈云在这次罢工中依然参与领导。尽管这次罢工遭到淞沪戒严司令部的武装干涉和工贼的分化破坏,在冲突中有不少工友受伤,但罢工最终还是取得了胜利。五卅运动给陈云等商务职工以巨大的鼓舞,他们看到了自己的力量,也认识到"工人要解脱苦痛,只有工人自己向前去奋斗;工人自身的利益,只有工人自己去要求"[2]。商务印书馆的这两次大罢工,在全国引起很大震动,为上海工人第三次武装起义的胜利积聚了一定力量,创造了有利条件。

(三)加入中国共产党

就在这一时期,通过对马克思主义的接触和参与斗争的实践,陈云光荣地加入了中国共产党。在商务印书馆,陈云有机会接触

---

[1] 《陈云年谱》(修订本)上卷,中央文献出版社2015年版,第24—25页。
[2] 《商务印书馆工会史》,商务印书馆1929年版,第3页。

到当时社会上流行的种种思潮与主张。年轻的陈云曾"很赞成吴佩孚，后又很相信国家主义派是'外抗强权，内除国贼'"。五卅运动前后，陈云从商务印书馆的国民党党员那里接触到三民主义，"觉得孙中山的道理'蛮多'"。①那时也正是国共合作的大革命时期，1925年六七月间，经商务印书馆同事薛兆圣、张文菲介绍，陈云加入中国国民党，并成为国民党上海特别市党部闸北区第十五分部（商务印书馆发行所分部）的首创人之一。后来，1927年7月国共合作全面破裂，"左派国民党部也就取消了"，陈云"亦最后退出了"国民党。②

陈云下定决心加入中国共产党，是经过深思熟虑和反复比较的，这与他深入阅读了很多革命书籍以及积极参加罢工斗争的实践是分不开的。随着五卅运动以后革命形势的发展，陈云经同事介绍，到上海通信图书馆看书，开始接触马克思主义，在学习的过程中他觉得马克思主义的道理比三民主义更好，他开始了解"必须要改造社会，才能解放人类"③的道理，陈云的思想从这里开始发生了根本性的转变，由一个奉行"三民主义"的民主主义者转向信仰共产主义，这时的他已经具备了加入中国共产党的主观条件。

同时，商务印书馆也较早建立了完备的中共组织。商务印书馆是当时中国共产党活动的重要据点。编译所的沈雁冰就是中共早期党员之一。1921年末，沈雁冰同徐梅坤一起在商务印书馆发

---

① 《陈云年谱》（修订本）上卷，中央文献出版社2015年版，第20页。
② 陈云自传（手稿），1936年7月2日，转引自《陈云传》（一），中央文献出版社2015年版，第24页。
③ 《陈云传》（一），中央文献出版社2015年版，第36页。

展党团组织。到 1925 年 5 月，商务印书馆已经有了五六十位共产党员和共青团员，建立了党支部，并选举董亦湘为党支部第一任书记。

商务印书馆罢工胜利后，1925 年八九月间，陈云由董亦湘、恽雨棠两人介绍，加入中国共产党。这是陈云组织身份和思想上的重大转变，是他新的政治生命的开端。后来，陈云这样回忆自己入党的经过："当时之加入共产党最大的原因是大革命的潮流的影响，同时生活上眼见做了五年学徒，还是每月只赚七元钱的工资，罢工以后，就接近了党了。但当时入党时有个很重要的条件把三民主义看了，把列宁主义概论和马克思主义浅说都详细地看了，那时确了解了必须要改造社会，才能解放人类。这个思想对于我影响很大。"[①] 他还说："我自觉入党时经过考虑，而且入党以后，自己觉得此身已非昔比，今后不是做'成家立业'的一套，而要专干革命。这个人生观上的改革，对于我以后有极大的帮助。"[②]

（四）在思想上成为马克思主义者

加入中国共产党之后，陈云在理论素养上亦得到很大提高。陈云抓住党组织提供的机会，努力学习马列经典著作，提升理论水平。到 1926 年年中，陈云先后参加党内流动训练班 20 多次，阅读学习了《共产党宣言》《国家与革命》《共产主义运动中的"左"派幼稚病》等马列主义经典。

同时，陈云将马克思主义理论与其革命工作实践结合起来，

---

① 《陈云传》（一），中央文献出版社 2015 年版，第 36 页。
② 同上。

开始进行理论创作。1925年11月,商务印书馆发行所职工会创办地下刊物《职工》,内容包括职工会会员文章、会务报告、会计报告等。陈云以不同笔名,在《职工》上发表了《总工会是什么》《职工在现社会的地位》《我们为什么要罢工》《中国民族运动之过去与将来》等多篇文章,比较全面地展现了他对共产党领导下的无产阶级革命运动的认识。如《职工在现社会的地位》一文,针对五卅以后工人运动蓬勃发展的现实,陈云指出:"第一,须联络各阶级起来,作民族革命。第二,解放在水深火热中的自己,要继续不断地奋斗,争到我们最后胜利。但是,这两种重大责任,空口谈兵,是办不了的,也不是一两个人嘶喊就成功的,还要大家集中一个团体,作共同有组织的奋斗,才有成功的可能。"① 在《中国民族运动之过去与将来》中,陈云指出:"在以农立国的中国,占全国人口百分之八十强的农民,是民族运动中唯一大主力。农民不参加运动,中国革命鲜有希望。"② 这反映出他当时已经对中国革命的前途问题有一定清晰的分析,体现出他的远见卓识。这篇文章也被收录为《陈云文选》第一卷的首篇。

通过陈云在商务印书馆的经历,不难看出,商务印书馆是陈云思想和人生的一个重要转折点,也是陈云走上无产阶级革命道路、成为职业革命家的起点;陈云也在这里成为马克思主义者,初步掌握了马克思主义理论,并运用它分析中国社会,引领自己坚定地走上革命道路。

---

① 陈云:《职工在现社会的地位》,《职工》创刊号,1925年11月。
② 《陈云文选》第1卷,人民出版社2015年版,第1—3页。

三、陈云入党后在商务印书馆的重要革命活动

(一)参加和领导上海工人三次武装起义

1926年7月,国民革命军从广东出师北上,北伐战争爆发了。为了配合北伐军进军,上海工人举行了三次武装起义。陈云作为基层工会的领导者,积极组织职工进行响应,先后参加了这三次武装起义的组织工作。

陈云在《职工》上撰文指出:"北伐是民族运动中推翻帝国主义和封建势力统治的一种主要的有意义的军事行动","被压迫的中国民众绝对不该消极赞成或竟阻碍其发展,更应积极参加赞助北伐"。① 商务职工组织了170多人的纠察队,准备参与武装起义。1926年10月,第一次武装起义因对全市工人群众的组织和发动不够而受挫。1927年2月8日,陈云出席上海总工会召开的各工会负责人联席会议时,突然遭到英国巡捕房的袭击和逮捕,后经中共上海区委组织部长兼上海总工会党团书记赵世炎组织营救获得释放。陈云并没有因此而动摇参加武装起义的信念,很快投入到上海工人第二次武装起义的准备工作中。上海总工会决定于2月19日起举行全沪工人总同盟罢工。陈云通过上海店员总联合会,领导了南京路上先施、永安、新新、丽华四大百货公司的罢工。罢工发起后,中共上海区委决定从23日晚6点起转为武装起义,但最后又因准备工作不充分而再次失败。为保存力量,陈云带着

---

① 陈云:《和平之路》,《职工》第12、13期合刊,1926年11月。

工会积极分子转移至宁波和余姚,并在那里继续开展革命活动。

3月上旬,中央军委委员周恩来秘密来到上海,组织酝酿第三次武装起义。陈云得知这一消息后,立即从余姚返回上海参加起义组织工作。陈云多次陪同周恩来等观察地形、了解情况、组织军事训练。经过周恩来、陈云等人认真仔细的检查和部署,起义前的一切准备工作安排就绪。

3月21日,上海工人第三次武装起义爆发,陈云立即下令,给纠察队员发放武器弹药和铁棍、斧头等器械。起义开始一小时后,陈云接到上海总工会命令,要他同中共代表一起到上海近郊龙华,与驻扎在那里的白崇禧率领的北伐军谈判,要求部队开进上海,支援起义工人。但白崇禧执行蒋介石的命令,按兵不动,企图坐收渔翁之利,陈云愤然离去。这时,起义已临近尾声。陈云从龙华返回市区后,参加了最后的决战。经过20多个小时的浴血奋战,工人纠察队终于在22日下午攻克敌人最后一个据点。上海工人第三次武装起义取得了胜利。从1925年8月到1927年4月,陈云成长为中国共产党在上海工运工作的骨干,为无产阶级革命事业立下了汗马功劳。

(二)坚定革命信念,开启职业革命生涯

1927年4月12日,蒋介石在上海发动"四一二"反革命政变,大肆屠杀共产党员、国民党左派及革命群众。中国共产党的组织被迫全部转入地下。整个上海被严重的白色恐怖所笼罩。"四一二"反革命政变发生不久之后,陈云所在的发行所职工会遭到国民党当局强行改组,陈云等人被排挤出职工会。8月,中共江苏省委决定,陈云担任沪中区委委员,依然在上海坚持地下斗争。

陈云为了革命斗争，早已将个人的生死置之度外，这充分反映了一个共产党员坚定的信念和视死如归的气概。

大革命最终以失败告终，中国共产党人充分认识到武装斗争的重要性。在关系党和革命事业前途与命运的关键时刻，1927年8月7日，中共中央在汉口秘密召开紧急会议，总结了大革命失败的经验教训，确定了实行土地革命和武装反抗国民党反动派的总方针，并把领导农民进行秋收起义作为当前党的最主要任务。同年9月至10月间，中共江苏省委按照八七会议确定的方针，动员在上海的共产党员到外县去发动农民，组织秋收暴动。陈云被派往家乡青浦章练塘去组织农民运动。离别时，陈云对朝夕相处的商务工友们说："我此去一不做官，二不要钱，三不妥协，只为了要跟反动派坚决斗争到底，求工人的解放。"①陈竹平回忆说：陈云是"自动脱离商务印书馆的"，资本家"非但扣除了他的退职金，甚至连他应得的工资也给扣除了"。工友们都认为，陈云"是为了群众利益而牺牲了自己的职业"②。陈云离开商务印书馆的第二天，国民党政府就派军警来抓他，幸好陈云早走了一天，才没有被捕。至此，陈云结束了在商务印书馆七年的生活，怀抱着将革命进行到底的坚定信念，开始了职业革命家生涯。

离开商务印书馆后，陈云对这个自己曾长期工作生活并由此走上革命道路的地方，怀有深厚的感情。1949年8月他因公到上海，特地看望了商务印书馆董事长张元济，向他说明沈阳、长春商

---

① 《陈云传》（一），中央文献出版社2015年版，第52页。
② 同上。

务印书馆的运行情况,并邀请他参政议政。1952年,围绕商务印书馆公私合营后招牌保留问题,陈云提议:"商务合营后,'商务印书馆'五个字要保留,即使将来进入国营,商务这块招牌也不能丢,因为商务印书馆在国内外都有崇高的声誉。"① 遵照他的意见,商务印书馆公私合营后被作为特殊单位对待,招牌不变。1986年4月13日,陈云为商务印书馆90年题词:"商务印书馆90年。"1986年10月19日,陈云为商务印书馆上海印刷厂建厂90周年题词:"发扬革命传统,做好印刷工作。"可以说,商务印书馆作为陈云走上革命道路的起点,在他的人生经历中留下了极为重要的印迹。第一,陈云在商务印书馆确立了共产主义信仰,于1925年加入中国共产党,投身新民主主义革命活动,为日后成为著名无产阶级革命家奠定基础。第二,陈云在商务印书馆开始了他的革命生涯。从参与五卅运动、领导商务印书馆罢工,到协助上海工人武装起义的相关工作,上海到处都留下了陈云播撒革命火种的足迹。第三,商务印书馆的经历锻炼了陈云的能力和品格。通过在商务印书馆的工作学习,陈云提高了自身文化水平,养成了重视知识、重视文化的意识。同时,陈云在商务印书馆接触到先进的经营理念和管理方法,对他日后做好财经工作起到一定影响。商务印书馆的七年时光,令陈云从一个小学徒成长为无产阶级职业革命家。正如陈云自己所总结的:"商务印书馆是我在那里当过学徒、店员,也进行过阶级斗争的地方。应该说商务印书馆在解放前是中国的

---

① 王蕾:《陈云对苏浙沪地区传统字号的调查与保护》,《百年潮》2013年第9期。

一个很重要的文化教育事业单位。"① 这句话浓缩了陈云对商务印书馆七年经历的总结,体现出商务印书馆对陈云成长进步的重要意义和陈云对商务印书馆的深厚感情。

(作者单位:上海市社会科学界联合会)

---

① 《陈云年谱》(修订本)下卷,中央文献出版社2015年版,第334页。

浅析商务印书馆与陈云
走上革命道路的关系

张安雷

陈云出生的年代,中华民族正处在危难之中,社会的黑暗、人民的苦难,使许多有志向、有抱负的热血青年积极探索救国救民的道路。青少年时期的陈云就表现出强烈的爱国情怀。在五四运动爆发的消息传到青浦水乡之后,陈云就读的颜安小学开展了各种爱国运动。少年陈云表现出极大的爱国热情,发起组织"救国储金会",动员同学捐零用钱,用来制作传单、张贴标语,在练塘镇的街头巷尾举行爱国演讲,向群众揭露卖国贼的罪行。陈云后来回忆说:"'五四'的时候,我才十五岁,是一个高等小学三年级的学生。那个学校是在上海附近的乡间,很快就受到'五四'的影响。我们由一个姓张的教员领导着罢课之后,还进行了宣传和演剧。我还记得,我们演的剧叫做《叶名琛》,我也扮了一个脚色。有一次在茶馆里讲演,我讲演的时候手足似乎蛮有劲,把脚一顿,桌子上的茶壶都给碰翻了。我们这个小镇也罢了市,人民反对日本和反对卖国贼的情绪,确是很高涨。"①

经过这场反帝爱国运动的洗礼,陈云受到了生动的爱国主义教育,懂得了许多国家大事,他少年的心灵里埋下了救国的种子。在到上海商务印书馆工作之后,处于革命最前沿的上海,西方列强势力在这里汇聚,工业发展所带来的不断壮大的工人阶级以及愈发尖锐的阶级矛盾,各种社会思想的传播,使得陈云扩大了眼界;努力工作之余,陈云充分利用馆内丰富的图书资源以及馆方培训员工的机会,刻苦努力学习,同时接触到进步知识分子,接触到马列主义的书籍,不再为一己谋生活,而是勇于为了争取工人的权利、捍卫穷苦大众的利益而奋斗;在领导工人罢工的过程中,坚定了自己的马克思主义信仰,同时也锻炼了自己组织工人运动的能力,积累了经验,从而走上了救国救民的革命道路。

一、商务印书馆是陈云初入上海时锻炼自己的场所,使得陈云意志更加顽强,性格愈发坚强

陈云自幼家境贫寒,两岁丧父,四岁丧母,跟着舅舅生活。家庭的变故,舅家生活的艰辛,使得陈云寡言少语,性格内向沉静。在初入商务印书馆做学徒的时候,由于年龄太小、个子不高,需要踩着木凳才能顺利地接待顾客。每天早上8点上班,晚上8点下班,路上还要花费两个小时,工作时间长,任务重。每天,陈云起早摸黑,苦活、累活样样都做,但是他勤学好问,不怕劳苦,肯下

---

① 《五四运动的二十年》,《中国青年》1939年第2期。

功夫，无论什么粗细事务——接待顾客、整理货物、珠算算账，都可以独当一面，甚至当时商务经销的美国派克钢笔，都能熟练地拆洗修理。除此之外，陈云还千方百计地挤出时间学习各种文化知识，并且去夜校补习外语，就是在这种辛劳中，陈云练就了吃苦耐劳的品质和坚强的意志，也培养了注重实干的精神。

除了工作、学习，陈云从各方面锻炼自己。去闸北公园锻炼身体，尝试各种球类，经常活跃在乒乓球、篮球的场地上；尝试打靶，也总是遥遥领先；有了固定收入后，经常拉着朋友去听评弹，从中汲取知识；除此之外，陈云还练习拉二胡、吹笛子，让自己的生活变得丰富起来。

在商务印书馆，艰苦的工作磨炼了陈云的意志，使得陈云愈发坚强；球类等活动，改变了陈云内向的性格，为以后他领导工人运动、发表公开讲话、与人谈判奠定了基础；而评弹、乐器等爱好，也为陈云的艰苦生活增添了乐趣，有助于他保持乐观向上的心态。特别是评弹，占据着陈云生活的重要地位。新中国成立后，由于工作繁重而不得不休养的时间里，正是借助评弹，陈云才放松身心，较快地恢复了健康，又回到了工作岗位。

二、商务印书馆为陈云提供了学习的资源和机会，使得陈云眼界开阔，思想进步

商务印书馆位于当时中国近代化程度最高的上海，进入到商务印书馆当学徒，所接触到的人与事已经不同于在家乡之所见。陈云从最基础的学徒工作干起，学习算账、接待顾客、整理货物，

充分利用馆内所提供的资源和机会刻苦学习,并且与馆内的先进分子交流,了解到各种社会思潮,自此,陈云眼前的天地大大开阔了。

商务印书馆是当时中国最早的、在国内外有广泛影响的重要教育出版单位。图书资源丰富,汇聚了如蔡元培、叶圣陶等先进知识分子,他们宣扬民主、传播真知,这也就使得馆内形成了浓厚的文化氛围。除此之外,商务印书馆非常重视职工的教育,设立了上海图书学校,为员工业余教授英文、图书分类等相关知识。这就为陈云提供了有利的学习条件和机会,"每天利用早晚时间读书、写字、念英语,看遍了书店中的童话、章回小说、少年丛书,有时也翻翻杂志"。[①] 在刻苦读书提升自身文化素养和知识水平、完善知识结构的同时,陈云还接触到董亦湘等先进革命分子,接触到当时社会上的各种救国主张与思想,这进一步引发了陈云有关中国前途问题的思考。陈云便开始"有选择地阅读一些政治书籍,以探求救民强国的真理"[②];甚至结识了一位苏联籍同学,向他学习俄语,这为他阅读俄文马克思主义小册子提供了便利。从商务印书馆的国民党党员那里,陈云了解到三民主义,"觉得孙中山的道理蛮多"。[③] 在上海通信图书馆,陈云读到《共产党宣言》《辩证唯物论》《唯物史观》等马克思主义书籍和其他开明的具有新意的进步书籍。就这样,陈云的视野越来越开阔,思想也越来越进步,为其共产主义信念的确立提供了前提。

在商务印书馆当学徒、店员的几年中,陈云提升了自身的文

---

① 《陈云年谱》(修订本)上卷,中央文献出版社2015年版,第14页。
② 同上。
③ 《陈云传》(一),中央文献出版社2015年版,第23页。

化水平和能力，为以后的革命生涯打下了坚实的知识基础；提升了眼界，不再单纯追求为一己谋生存，而是有了"天下兴亡，匹夫有责"的家国情怀，开始承担起时代赋予他的使命。

三、商务印书馆是陈云领导工人进行阶级斗争的平台，锻炼了革命工作能力，积累了革命经验

20世纪20年代，在帝国主义和北洋军阀的残暴统治下，社会黑暗，民不聊生。在这样的黑暗时刻，中国共产党成立了。党组织广大工人进行斗争，工人运动得益于党的组织而生机勃勃。由于商务印书馆工人数量较多而成为党的重要活动据点，沈雁冰等同志受党的嘱托，在馆内发展党的组织、筹建工会。1925年5月，馆内已经有共产党员和共青团员五六十人，并建立了中共商务印书馆支部。商务印书馆内的党团、工会组织阵容之强，党员、团员人数之多，在上海各产业居于首位。这也为陈云参与、领导工人运动，接受实际斗争的锻炼提供了机会。

1925年五卅惨案，工人大范围罢工以抗议帝国主义与封建军阀，陈云参加了商务印书馆职工的罢市游行、募捐办报、卖报等活动，表现突出。五卅运动后，党中央准备再次发起工人运动以打击反动军阀政府，改变工人运动走向低潮的局面。拥有数量较大的收入微薄、工作时间长、待遇差的普通工人的商务印书馆，成为党中央决定进行罢工的不二选择。在此期间，陈云担任临时党团成员、罢工临时委员会委员长、商务印书馆发行所职工会（筹）委员长，得到了参与领导和组织工人的实际锻炼。参与研究制定了

罢工的时间、策略、方法、步骤，草拟罢工宣言等文件，主持职工大会，通报罢工进展和劳资双方谈判情况等工作，在陈云等一批骨干的带领下，罢工取得了完全的胜利，馆方答应了工人提出的各项要求。该年年底，馆方资本家违背劳资双方签订的协议，报复性地开除了参与罢工的十几名职工，在数次交涉无果之后，工人举行了第二次罢工，陈云依然参与了领导。虽然遇到武装干涉、分化破坏，不少工人受伤，但罢工还是取得了胜利。在此次罢工时，有人提出："别人被裁，吾不被裁，何以牺牲自己而为他人奋斗？"陈云指出"这是一种幼稚病，吾们要积极纠正"，"这一次的奋斗，也可以说并不是完全为了几个被裁的人而奋斗，是为了保障全体职工利益而奋斗的！""今年侥幸而轮不到，明年也许不幸而轮着的，不要到了自己身上才要奋斗，那时你一个人的奋斗，可就不能了！奋斗的价值几何？"[①] 这就告诫了职工要团结一致共同对抗资本家，改变了一些人自私自利的思想，最大可能地凝聚力量，充分显示出陈云组织工作的智慧与才能。

1926年10月至1927年3月，为了配合北伐军推翻北洋军阀，上海工人举行了三次武装起义。陈云积极组织工人参加了这三次起义。第一次起义，陈云按照上海总工会的要求，组织工友集中待命，但由于北伐军进军嘉兴被孙传芳打败，第一次武装起义失败。第二次起义，陈云通过上海店员总联合会，顺利领导实现了南京路上先施、永安、新新、丽华四大百货公司的罢工，继而转为武装起义，但是由于孤军奋战，第二次起义失败。第三次武装起

---

① 陈云：《罢工后职工应有的觉悟》，《职工》1926年第三期。

义，配合特委成员周恩来、赵世炎，在商务印书馆召集骨干会，商讨行动方案，进行周密的准备，并在起义暴动后被派去新龙华与白崇禧部的北伐军接头要求其速进上海，虽然被拒绝，但是第三次工人武装起义最终取得了胜利。

在这几次武装起义中，陈云都参与到工人运动的领导工作之中，综合考虑各种因素，确定工人运动的时间、方案、方法、步骤，协调好工人的分工，与对方进行谈判，等等，这些任务都锻炼了陈云组织工人进行阶级斗争的能力。工人运动成功和失败的双重经历，也使得陈云积累了进行革命斗争的经验，为以后走上革命道路奠定了基础。也是经过这几次革命运动，陈云出色的组织领导才能，以及对党的革命事业的忠诚，引起了党组织的高度重视，使得陈云有机会承担更加重要的任务。

四、在商务印书馆的学习和斗争经历，使陈云坚定了马克思主义理想信念，成为一名马克思主义者

青少年时期是世界观、人生观、价值观形成的重要时期，青少年时期所接触的事物、产生的思维方式与行为会影响一个人的一生。1919年至1927年，陈云青少年时期的大部分时光是在商务印书馆度过的。从出身贫寒赴上海工作的学徒，到坚定的马克思主义者，陈云坚定的强国救民的理想信念就是在商务印书馆的这几年形成的；这也是陈云一边读书学习，一边组织工人运动进行革命实践，知行合一，二者相互作用下而形成的坚定信仰。

在五卅运动前后，陈云有机会接触到当时社会流行的各种思

想与主张,曾"很赞成吴佩孚,后又相信国家主义派是'外抗强权,内除国贼'。通过商务印书馆共事的国民党同事了解到三民主义,觉得孙中山的道理'蛮多'"。^① 于是,在1925年六七月间,经商务印书馆同事薛兆圣、张文菲介绍,加入中国国民党。1927年7月,国共合作全面破裂,陈云"亦最后退出了"国民党。^② 在加入国民党之后,陈云没有止步于"三民主义",仍然不断地读书学习,找寻合适的救国之路。经过同事介绍,他常到上海通信图书馆去读书。在这里,陈云读到了马克思主义书籍和其他进步书籍。初次接触到马克思主义。在五卅运动中,陈云与工友们参与了商务印书馆的罢工游行,也就是在这场活动中,他看到了帝国主义的残暴,也感受到了人民群众所蕴含的巨大能量;领导和组织工人进行罢工运动的实际锻炼,使得陈云信服"必须要改造社会,才能解放人类"^③的道理,"最后才相信共产主义,因为经过比较,认识到共产主义是最好的主义"^④。1925年八九月间,陈云由董亦湘、恽雨棠两人介绍,加入中国共产党。陈云曾这样回忆他的入党经历:入党动机显然由于罢工运动和阶级斗争之影响。此时看了《马克思主义浅说》《资本制度浅说》,至于《共产主义ABC》还看不懂。"这些书看来它的道理比三民主义更好"^⑤;"当时之加入共产党最大的原因是大革命的潮流的影响,同时生活上眼见做了5年学徒,

---

① 《陈云传》(一),中央文献出版社2015年版,第23页。

② 陈云自传(手稿),1936年7月2日,转引自《陈云传》(一),中央文献出版社2015年版,第24页。

③ 《陈云传》(一),中央文献出版社2015年版,第36页。

④ 《陈云文选》第1卷,人民出版社1995年版,第111页。

⑤ 《陈云传》(一),中央文献出版社2015年版,第36页。

还是每月只赚 7 元钱的工资，罢工以后，就接近了党了"①；"我自觉入党时经过考虑，而且入党以后，自己觉得此身已非昔比，今后不是做'成家立业'的一套，而要专干革命。这个人生观上的改革，对于我以后有极大的帮助。"②

加入中国共产党不久，陈云就担任了中共商务印书馆总支部干事兼发行所分支部书记，积极参与发展壮大组织力量。他经常深入到商务印书馆各部门接触工人，熟悉情况，与工人保持密切联系；下班后，还将工人集中起来，帮助他们提高文化知识。陈云一边结合工人运动情况的实际一边学习思考，发表《职工在现社会的地位》《总工会是什么》《罢工后职工应有的觉悟》《中国民族运动之过去与将来》等文章，表现出陈云对中国革命的对象、动力等问题认识的成熟。《中国民族运动之过去与将来》一文指出："五卅运动虽然遭受了挫折，可是在民族革命的行程里，已经显现了曙光。有组织有力量的几十万工人，已经成为中国民族运动的先锋。五卅运动的结果证明，资产阶级是靠不住的，他们是机会主义者。同时，工人也感觉到自己力量的孤单，因为没有在中国民族运动上占着重要位置的强有力的主力——整个农民的参加。"③"在以农立国的中国，占全国人口百分之八十强的农民，是民族运动中唯一大主力。农民不参加运动，中国革命鲜有希望。"④这是他在罢工斗争实践与刻苦阅读马列书籍的基础上深入思考的

---

① 《陈云传》（一），中央文献出版社 2015 年版，第 36 页。
② 同上。
③ 同上书，第 44 页。
④ 《陈云文选》第 1 卷，人民出版社 1995 年版，第 2 页。

结果，显示出陈云当时已达到较高的政治思想高度。

陈云对马克思主义的坚定信仰，是在反复比较并结合革命实践的过程中所形成的，共产主义也就成了他矢志不渝的目标。在以后的岁月中，无论是顺境还是逆境，他都始终坚持马克思主义不动摇，终其一生，为了这个信仰奋斗到底。

商务印书馆的经历，促使陈云走上了革命道路。在这里，陈云开阔了自己的思想眼界，完善了自己的知识体系，积累了革命的经验，确立了共产主义的信仰，实现了从一名学徒到马克思主义者的转变，初步具备了革命者的能力，走上革命道路。机缘巧合使得陈云来到了商务印书馆，在这里成为了一位马克思主义者。正如晚年的陈云回忆说："从青浦到上海，这是我人生中间，非常重要的一段，这步迈出去以后，才有机会接触到共产党，才有这一生。"[①]

（作者单位：中共中央党史和文献研究院）

[①] 陈云故居暨青浦革命历史纪念馆编：《走近陈云——口述历史馆藏资料辑录》，中央文献出版社2008年版，第6页。

陈云：从商务印书馆走上革命道路

江 丹

陈云出生时恰逢中华民族处于内忧外患的灾难时代，他幼年成孤，家境贫寒，几经辍学。然而命运对这个少年又格外眷顾，15岁那年，他在恩师张行恭的帮助下来到上海商务印书馆当学徒，而这段经历也影响了他的一生。

位于上海市青浦区（原属江苏省）西南角的练塘镇，属于典型的水乡古镇。东临泖河，西接嘉善，南近枫泾，北靠路港，人杰地灵，风景如画。1905年6月13日，陈云诞生在练塘镇下塘街靠河的一所只有十余平方米的闵家小屋里。陈云的童年是悲苦的，他四岁时就失去了父母，由舅父母抚养长大。1919年夏，14岁的陈云以优异的成绩从颜安小学高小部毕业。毕业后的陈云因为家贫未能继续求学，在家中帮助舅父母做家务。正当陈云为前途发愁时，事情出现了转机。他在颜安小学读书时的班主任张行恭在对毕业生进行家访时，发现他最优秀的学生陈云辍学在家，引起了他的惜才之念。于是，张行恭托在上海商务印书馆文具仪器柜担任主任的弟弟张子宏，替陈云找一份工作。一个月后，张子宏来信说让陈云前去应聘。1919年12月8日，陈云离开了练塘镇，登上了东去的小船。

一、青年工人的益友

到了商务印书馆，陈云被派到文具柜台当学徒。由于陈云个子矮小，仅比柜台高一点，有些老同事就觉得陈云不适合在文具柜台工作。但是陈云遇到困难从不退缩，张子宏为陈云特意做了一只小板凳，这样他就可以顺利接待顾客了。学徒每天要工作12个小时，还要苦练打算盘、记账等基础业务，一天下来疲惫不堪。据商务印书馆的一些老人后来回忆，陈云当学徒之后，不管多忙多累，始终坚持自学，是当时馆里最有学识和远大理想抱负的青年人，也是最被发行所主任和高级职员看中的一个。陈云做事谨慎细心，加上悟性好，经常受到老职工和顾客的称赞，很快就成了一名业务能手。当时商务印书馆内有一种奢侈的风气，不少青年职工受到影响。陈云在学徒中差不多是年龄最小的一个，但他却有着很强的自制力，丝毫没有受到不良风气的侵染，一直保持着优良的品行和克勤克俭的生活作风。不仅如此，他还常常鼓励工友和同事多做些对国家、对人民有意义的事情，他说："我们是青年人，青年人应该奋发有为；我们要做一个站在时代前面的青年，不要做时代的落伍者，更不要做暮气沉沉的青年。"[①]

从小吃了很多苦的陈云独立性很强，他改变了过去内向、文

---

① 陈云故居暨青浦革命历史纪念馆编：《走近陈云——口述历史馆藏资料辑录》，中央文献出版社2008年版，第9页。

弱的性格，除了工作和学习之外，还找到一些感兴趣的娱乐活动丰富自己的生活。每天早晨，他都去闸北公园参加各项球类运动。陈云从小就喜欢听评弹，有好的评弹演出时，常拉着朋友一起去听，他甚至还买来二胡、笛子，为了不影响别人休息，他只要一有时间就到宿舍的顶楼晒台去练习。有的小伙伴很不解，觉得陈云平时总强调要多学习、多读书，怎么还花费时间学拉二胡呢？对此，陈云解释道："我们应当看些有意义的书籍，但同时也要过正常的生活，娱乐活动是必不可少的，对身心都很有益啊！"他这种积极乐观、富有生活情趣的性格，深深感染着周围的人。陈云生活十分节俭。学徒的月薪很少，每月只有三四元钱。即使这样，陈云仍坚持省吃俭用，将结余下来的一些钱寄给舅父母，有时还会资助生活困难的同事。他待人谦和，对待同事一视同仁，对那些常被嘲笑欺负的工友更为关心。在处事过程中，他从没有和他人发生过不愉快，每当遇到对方和自己有不同意见的时候，即使是对方明显错了的情况下，陈云也从不急躁辩驳，总是耐心听对方表达完自己的意见后，再客观冷静地分析情况，表达自己的意见，很多时候大家都会高兴地接受他的意见。由于陈云身上具有很多优秀的品质，做事有头脑、有主见，同事遇到问题都喜欢找他商量，乐意与他做朋友，因而陈云在当时的一批职工中享有很高的威望。

二、寒窗苦读几春秋

商务印书馆创办于1897年，是当时中国最早的、在国内外具有广泛影响的重要文化教育出版单位，又坐落在上海，聪明好学的陈云仿佛来到一个新天地，眼界大大开阔起来。发行所的事情较为繁杂，工作非常辛苦，尽管如此，陈云充分运用商务印书馆得天独厚的资源条件，每天利用业余时间阅读大量进步书籍。在商务印书馆七年的时间里，陈云看遍了书店里的童话、小说等书籍，还在商务印书馆办的上海图书学校学习了三年，主要学习中英文和作为店员要掌握的图书分类和书籍出版、印刷等知识。在延安，陈云回忆自己学习的经历时说："我15岁在上海当学徒，开始连报纸也看不懂，几年以后就能读懂了。"[①] 这使他后来不仅可以写出思想性、政策性、逻辑性很强的文章，而且也可以写一些可读性很强的散文、随笔，甚至短篇小说。比如，他在莫斯科期间撰写的第一篇向世界报道红军长征情况的《随军西行见闻录》；为纪念鲁迅逝世一周年写了悼念文章《一个深晚》；在抗战期间，陈云还以笔名"史平"撰写过纪实性小说《青抗先摸鬼子》等。

除了阅读很多文化方面的书籍之外，他还研读了一些政治方面的书籍，以了解社会、探求真理。陈云先是在商务印书馆的国民党员的介绍下接触了"三民主义"，他后来回忆说：曾"很赞成吴佩孚，后又很相信国家主义派"，看了三民主义"觉得孙中山的道理'蛮多'"。[②] 五卅运动之后，陈云经同事介绍，去进步文化人应修人、楼适夷创办的上海通信图书馆看书，那里有大量的马克思主义书籍，一些共产党的领导人如赵世炎、杨贤江等人也常去做报告。在这里，陈云详细阅读了《列宁主义概论》《马克思主义

[①] 《陈云文选》第1卷，人民出版社1995年版，第267页。
[②] 参见《陈云传》（一），中央文献出版社2015年版，第23页。

浅说》《资本制度浅说》等宣传马克思主义的通俗读物,以及《新青年》等进步刊物。从这些书里,他感到马克思主义的观点比"三民主义"的更好。也就是那时,他逐渐确立了推翻旧制度、改造社会的崇高理想。1925年11月,发行所职工会创办了自己的刊物《职工》,陈云先后在上面发表《职工在现社会的地位》《总工会是什么》《中国民族运动之过去与将来》等一系列文章。这些文章文笔流畅,言辞犀利,反映出陈云当时的思想政治水平已较为成熟。

三、投身革命即为家

20世纪20年代初的中国社会民不聊生,全国革命浪潮汹涌而起。中国共产党成立之后,从中央到地方的各级组织都以主要精力从事工人运动,因此出现工人运动蓬勃兴起的局面。商务印书馆当时便是中国共产党的一个重要活动据点。商务印书馆的职工,是上海工人阶级队伍中一支有觉悟、有文化、有纪律的产业工人大军。从1921年到1926年,商务印书馆一直是中共中央的秘密联络点,联络员就是大名鼎鼎的作家沈雁冰。中国共产党成立后,对商务印书馆这个传播新文化的阵地非常重视,指派最早负责《向导》出版发行的中共党员徐梅坤,到商务印书馆与沈雁冰等研究发展党的组织和筹建工会等工作。《向导》是中国共产党成立后的第一份中央机关刊物,徐梅坤带来的《向导》影响了商务印书馆一批人,陈云对《向导》更是爱不释手,将它视为自己前进道路上的向导。有了沈雁冰的支持,徐梅坤在商务印书馆大力发展党、团员。1925年5月,馆内已有共产党员和共青团员五六十人,建立了中共商务印书馆支部。据统计,到1927年,商务印书馆有共产党员、共青团员近200名。

1925年5月30日,上海南京路发生震惊中外的五卅惨案,上海军阀在帝国主义的指使下大肆镇压工人运动,中共中央决定将总罢工转向局部的经济斗争,并把商务印书馆作为发动罢工的重点之一。党中央再次派徐梅坤到商务印书馆,组成以徐梅坤为书记,包括沈雁冰、章郁庵、杨贤江等十余人的临时党团,加强对罢工斗争的领导。此时,年仅20岁的陈云在商务印书馆职工队伍中已是一位很有信仰和号召力的人,加上他在五卅运动中参加了商务印书馆职工的罢市游行以及募捐办报、卖报等活动,表现突出。因此,在商务印书馆发行所成立的职工会上,陈云被推选为执行委员,后又担任了商务印书馆临时罢工委员会的委员长,站在组织领导罢工的最前沿。因为这次罢工准备充分,加之陈云等一批骨干所发挥的积极作用,馆方最终答应工人提出的各项要求,罢工斗争取得了完全的胜利。这次运动极大地鼓舞了工友们的斗争意志。罢工胜利之后,在1925年八九月间,陈云由董亦湘、恽雨棠介绍,加入了中国共产党。这是陈云思想和身份上一次重要的转变,是他新的政治生命的开始。陈云后来回忆说:"我自觉入党时经过考虑,而且入党以后,自己觉得此身已非昔比,今后不是做'成家立业'的一套,而要专干革命。这个人生观上的改革,对于我以后有极大的帮助。"[①] 这年年底,在反动军阀向工人运动疯狂反扑的时候,资本家违反劳资双方的协议,无理开除了上百名职工。

---

① 《陈云传》(一),中央文献出版社2015年版,第36页。

发行所、印刷所工会几次交涉无果,于是酝酿第二次罢工。面对凶恶的敌人,陈云充分显示出了一位新党员坚定的政治立场,他全力组织商务印书馆的职工进行了总罢工,经过近半个月针锋相对的斗争,工人们再次取得罢工斗争的胜利。

经过五卅运动和商务印书馆两次罢工的实际锤炼,陈云经受了革命运动的洗礼,也表现出了他的大无畏精神、对革命事业的忠诚和出色的组织领导才能,引起了党组织的高度重视。1927年4月12日,蒋介石在上海发动反革命政变,大肆屠杀共产党员、国民党左派以及革命群众。8月,陈云在上海担任沪中区区委委员,继续领导开展党的地下斗争。八七会议之后,陈云按照江苏省委的指示,回家乡青浦组织乡村暴动。离别时,陈云对朝夕相处的商务工友们说:"我此去一不做官,二不要钱,三不妥协,只为了要跟反动派坚决斗争到底,求工人的解放。"[1]

从1919年至1927年,在商务印书馆工作的七年间,陈云完成了从一个学徒、店员到一名无产阶级革命者的转变。商务印书馆是陈云走上社会的起点,也是他走上革命道路的起点。他晚年回忆说:"从青浦到上海,这是我人生中间,非常重要的一段,这步迈出去以后,才有机会接触到共产党,才有这一生。"[2]

(作者单位:陈云纪念馆)

---

[1] 《陈云传》(一),中央文献出版社2015年版,第52页。
[2] 陈云故居暨青浦革命历史纪念馆编:《走近陈云——口述历史馆藏资料辑录》,中央文献出版社2008年版,第6页。

商务印书馆对陈云革命生涯影响探析

李秀元

陈云的一生,被深深烙上了商务印书馆的印记。他说,"进入商务,在那里使我有可能走向革命的方向"。①认真研究陈云在商务印书馆的这段不平凡经历,对进一步推动陈云生平与思想研究有着特殊意义。

学习知识的富饶热土——文化有得益

商务印书馆创办于1897年,是当时中国最早的、在国内外有广泛影响的重要文化教育出版单位。创办人是青浦籍人士夏瑞芳。陈云来到商务印书馆那年才15岁,在班主任老师张行恭的弟弟张子宏的引荐下,去见发行所所长。所长看陈云长得瘦小,说:你先回去,等长大了再来。张子宏只好对所长说:招收学徒,我看还是要看能力,是不是先试用3个月。所长碍于情面,同意了他的请求。就这样,陈云到发行所文具柜当了一名学徒,月薪三元。

---

① 《陈云传》(一),中央文献出版社2015年版,第17页。

为了便于工作，张子宏还为陈云特制了一条一尺多高的木凳垫在脚下，使他能够顺利接待顾客。来到当时中国现代化程度最高的都市上海，又进了商务印书馆，陈云眼前的天地大大开阔了。

学徒期间，陈云在做好本职工作的同时，利用商务印书馆丰富的图书资源刻苦自修，他常常读书到深夜，成年累月从不间断。发行所早晚八点上下班。陈云在路上还要花费两个小时，每天回到住处，已疲惫不堪，但他仍然会"挤"出时间读书学习。时为商务印书馆发行所职工，也是文具柜的头柜陈竹平曾与陈云一起工作，并与陈云同住集体宿舍，他曾回忆说："每天清晨，天还没亮他（指陈云）就起身读书、写字、学英文；晚上下班后，回到宿舍也是读书写字到深夜，成年累月从未间断过。"[1]

商务印书馆对职工的教育非常重视，还专门在职工集体宿舍附近设立了上海图书学校，为员工业余教授英文、图书分类知识以及书刊出版、印刷的有关知识。陈云也参加了进修班的学习，内容有英文、练习大小楷毛笔字等。后来陈云回忆说："我应该说在商务时期，对我在文化上的得益很大，全部'童话''旧小说''少年丛书'都看了，有时也可翻翻杂志。同时我自信也是很用功的一个人，练字，上夜校（商务办的），读英文。"[2] 在夜校，陈云结识了一位苏联籍同学，两人志同道合，感情甚笃。他向苏联同学学习俄语，对阅读俄文马克思主义小册子提供了便利。

陈云不仅自己奋发向上，而且还带动大家一起学习。据陈竹

---

[1] 参见陈云故居暨青浦革命历史纪念馆编：《走近陈云——口述历史馆藏资料辑录》，中央文献出版社2008年版，第8页。

[2] 《陈云传》（一），中央文献出版社2015年版，第20页。

平回忆,陈云常常勉励我们说:"我们是青年人,青年人应该奋发有为;我们要做一个站在时代前面的青年,不要做时代的落伍者,更不要做暮气沉沉的青年。"① 相较于毛泽东、周恩来、刘少奇等领导人而言,陈云的学历最低,仅仅是小学毕业,但他却在27岁时当选为中央临时政治局常委,历任中共中央组织部长、副主席、纪律检查委员会第一书记等职,为国为民,劳苦功高,堪称当代"立德、立功、立言"典范,这和陈云在商务印书馆期间的勤奋刻苦读书学习是分不开的。陈云曾挥毫题写"闻鸡晨舞剑,借萤夜读书",毛泽东也多次称赞他在学习上"有'挤'的经验,他有法子挤出时间来看书"。

总之,商务印书馆的这段学习经历对陈云的影响无疑是巨大的,这突出表现在他的知识结构相对完善,也为陈云一生的革命生涯打下了坚实的知识基础。

传播先进文化的神圣殿堂——思想有进步

在上海商务印书馆当学徒、店员期间,陈云开始接触并接受革命的民主思想和共产主义思想。

商务印书馆与北京大学并称为"中国现代学术文化的双子星座"。商务印书馆自成立以来,不仅是一家出版社,还是一家既致力于整理和弘扬中国传统文化,又善于引进西方科学知识的重要

---

① 陈云故居暨青浦革命历史纪念馆编:《走近陈云——口述历史馆藏资料辑录》,中央文献出版社2008年版,第9页。

机构,这里人才荟萃、名家辈出,众多的文化名人都在这里留下了足迹,如梁启超、蔡元培等。陈云与编译所所长张元济、王云五,董亦湘以及编译工作者沈雁冰等先进知识分子有过密切的交往。

商务印书馆在解放前是中国一个很重要的文化教育事业单位。它顺应时代潮流,积极主动传播先进思想文化。特别是在俄国十月革命胜利后,一批优秀的宣传马克思列宁主义的经典著作传入国内,在商务印书馆被翻译出版。例如:《社会主义之思潮及运动》、《马克思主义与唯物史观》、《新俄国游记》、"苏联丛书"、《国家与革命》、《共产主义是什么意思》等书报都是在这里翻译出版的。商务印书馆得天独厚的文化环境与思想氛围,为陈云刻苦学习、追求真理提供了优越的条件。

值得一提的是,陈云除了在商务印书馆接受文化熏陶之外,经同事介绍,上海通信图书馆成为陈云另一个经常读书学习的地方。该图书馆是进步文化人应修人、楼适夷在20世纪20年代初创办的。正是在这里,陈云开始初步接触马克思主义书籍和其他进步书籍。对只有高小文化程度的陈云来说,像布哈林等《共产主义ABC》那样的书,据他自己说,在这个时候"还看不懂"。但他读了《马克思主义浅说》和《资本制度浅说》,感到:"这些书看来它的道理比三民主义更好。"[①]他开始"了解了必须要改造社会,才能解放人类"的道理。由于环境限制,这些刊物并不适合出现在公开场合,陈云就利用晚上的休息时间甚至躲到厕所去读。通过反复阅读诸如《共产党宣言》《辩证唯物论》《唯物史观》等这

---

① 《陈云传》(一),中央文献出版社2015年版,第35—36页。

些进步书籍,陈云的政治觉悟和理论文化水平迅速提高,也逐步确立了砸碎旧世界、建立新中国的崇高革命理想。

陈云不但会读书学习,而且也善于思考和总结。他会把自己学到的知识和所处的时代结合起来,多角度关注工人权利、工人运动以及国家的前途和命运,这也对其马克思主义世界观的形成发展起到了很大的推动作用。1925年11月,商务印书馆发行所职工会创办了一个刊物《职工》。陈云以"怀""民""怀民"等笔名在《职工》上先后发表《职工在现社会的地位》《总工会是什么》《罢工后职工应有的觉悟》《中国民族运动之过去与将来》《和平之路》《自治与民众》等文章。这些文章涉及工人阶级的地位、工会组织的性质和作用、工人运动的意义以及中国民族运动的道路等,内容丰富,政治思想观点鲜明,充分说明陈云的马克思主义思想水平已达到了一定高度。

孕育革命理想的成长摇篮——信仰有方向

1925年的八九月间,陈云在商务印书馆由董亦湘、恽雨棠两人介绍,加入中国共产党。这是陈云思想上的重大转变,是他新的政治生命的开始。从此,陈云为中国共产党领导的中国人民的解放事业和社会主义事业奋斗了整整70年,贡献了毕生精力。

陈云下决心加入中国共产党是经过深思熟虑和反复比较的,是他积极投身罢工实践和刻苦阅读革命书籍的结果。

商务印书馆是一个文化氛围浓厚的地方。在这里,陈云有机会接触到当时社会上流行的种种思想和政治主张。那时,陈云还很年轻,曾"很赞成吴佩孚,后又很相信国家主义派是'外抗强权,内除国贼'"。① 五卅运动前后,陈云从商务印书馆的国民党党员那里接触到三民主义,"觉得孙中山的道理'蛮多'"。② 于是,在1925年六七月间,经商务印书馆同事薛兆圣、张文菲介绍,加入中国国民党,并成为国民党上海特别市党部闸北区第十五分部(商务印书馆发行所分部)的首创人之一。后来,1927年7月,国共合作全面破裂,"左派国民党部也就取消了",陈云"亦最后退出了"国民党。③

即使在加入国民党后,陈云在追求信仰的道路上仍不断进行着比较与探索。他开始"了解了必须要改造社会,才能解放人类"的道理。陈云曾这样回忆他的入党经过:"当时之加入共产党最大的原因是大革命的潮流的影响,同时生活上眼见做了五年学徒,还是每月只赚七元钱的工资,罢工以后,就接近了党了。但当时入党时有个很重要的条件把三民主义看了,把列宁主义概论和马克思主义浅说都详细地看了,那时确了解了必须要改造社会,才能解放人类。这个思想对于我影响很大"④,"我自觉入党时经过考虑,而且入党以后,自己觉得此身已非昔比,今后不是做'成家立业'的一套,而要专干革命。这个人生观上的改革,对于我以后有极大的帮助"⑤。加入中国共产党不久,陈云担任了中共商务印书馆

---

① 《陈云年谱》(修订本)上卷,中央文献出版社2015年版,第20页。
② 《陈云传》(一),中央文献出版社2015年版,第23页。
③ 同上书,第24页。
④ 同上书,第36页。
⑤ 同上。

总支部干事兼发行所分支部书记，积极参与发展壮大组织力量。

陈云回忆自己的经历时还说："做店员的人，有家庭负担的人，常常在每个重要关头，个人利益与党的利益有冲突时，要不止一次的在脑筋中思想上发生矛盾，必须赖于革命理论与思想去克服个人利益的思想。"他举例说："比如，当我在参加革命后资本家威胁我时，我想到吃饭问题会发生危害，但立即又想到：怕什么？手足健全的人到处去得，可以到黄埔军校，可以卖大饼油条，只要立志革命，不怕没饭吃，归根结底只有推翻现在社会制度以后，才大家有饭吃。"① 人生观的这种根本转变，标志着陈云由一个好学、上进的店员，开始成长为一名坚定不移的无产阶级革命者。

领导工人运动的红色阵地——能力有锻炼

陈云在商务印书馆当学徒、店员期间，不但组织领导了商务员工的大罢工，而且还参与领导了上海工人三次武装起义。通过这些实践活动，陈云的革命意志得到磨炼，领导才能得到了提升，也进一步加深了他对工人运动的思想认识。

五卅运动直接导致商务印书馆员工爆发了大罢工，他们要求组织工会、改善待遇。在这场罢工斗争中，年轻的陈云第一次得到参与领导和组织工人运动的实际锻炼。陈云经过深入的分析，把罢工时间定在8月底。据他商务印书馆的同事陈竹平回忆："接近罢工的前三天，陈云同志和几位先进职工，白天照常工作，晚上

---

① 《陈云传》(一)，中央文献出版社2015年版，第36页。

又连夜开会,准备罢工的各项工作,聚精会神地思考问题,三天三夜没有好好地睡觉,罢工组织得很有条理,很有秩序。"[①]8月22日,罢工正式宣告开始。陈云后来回忆说:"一九二五年八月二十一日的商务罢工我是领导的一个人,任当时发行所罢委的委员长。罢工以后即组织工作,我即当选为工会委员长。"[②]整个罢工与馆方代表一共举行了三次谈判。在谈判期间,作为发行所职工会委员长的陈云,每天都主持职工大会,及时通报罢工的进展和劳资双方谈判的情况,鼓励职工们坚持斗争,不达目的绝不复工。这三次谈判中,前两次谈判均没有结果。第三次谈判,由于开学在即,馆方害怕遭到更大的损失,才被迫同意复工条件,并与工方13位代表签署了协议。历时6天的罢工斗争,取得了胜利。到12月上旬,馆方突然违反8月商定的复工条件,报复性地开除发行所和印刷所、编译所五十余名工人,目的是"要试验工会力量"。工会几度交涉毫无结果。12月22日至25日,发行所和印刷所的职工掀起了第二次大罢工。陈云在这次罢工中依然参与领导。尽管这次罢工遭到淞沪戒严司令部的武装干涉和工贼的分化破坏,在冲突中有不少工友受伤,但罢工最终还是取得了胜利。

另外,随着国内形势的发展变化,陈云的革命活动开始超出商务印书馆的范围,但他的主要身份仍是商务印书馆的一名普通职员。从1926年10月至1927年3月,为配合北伐军进军,上海工人举行了三次武装起义,陈云作为基层工会领导人,先后参加

---

① 《陈云传》(一),中央文献出版社2015年版,第29页。
② 同上书,第30—31页。

了这三次武装起义。1926年10月23日，中国共产党领导上海工人发动第一次武装起义。陈云组织工友们集中待命，准备参加战斗。由于归附北伐军的浙江省省长夏超进兵到嘉兴时，被孙传芳的军队打败，第一次武装起义宣告失败了。1927年2月22日，上海举行第二次工人武装起义，由于起义发动时北伐军仍在嘉兴，起义工人陷入孤军奋战，这次武装起义又以失败告终。第二次起义失败后，上海笼罩在白色恐怖下。为了保存实力，陈云前往浙江余姚隐蔽。3月上旬，第三次工人武装起义的条件日趋成熟，陈云立即离开余姚前往上海，投入商务印书馆工人参加第三次武装起义的准备工作中去。经过周密的准备，3月21日中午，上海总工会发布了总同盟罢工起义命令，并随即转入武装起义。在第三次起义中，陈云承担什么任务呢？他回忆说："三次暴动时未参加纠察队，只管工会。三次暴动后一小时被上总（指上海总工会）派去新龙华与白崇禧接头，要求国民革命军速进上海（被拒），故未直接参加武装斗争。"[①]尽管推进到上海南郊龙华的北伐军白崇禧部奉蒋介石的命令按兵不动，但是，各路工人纠察队经过浴血奋战，完全推翻了北洋军阀在上海的统治。22日下午，上海第三次工人武装起义终于取得胜利。

通过工人运动的实践锻炼，陈云的领导才能得到极大的锻炼与提升，思想上也进一步深化了对工人运动的认识：一是认识到群众中蕴藏着伟大力量。陈云在《职工》上发表《中国民族运动之过去与将来》中，在谈到五四运动和五卅运动的时候，他明确指出：

---

① 《陈云传》（一），中央文献出版社2015年版，第50页。

"参加运动的是全国的学生、工人和商人。……从这次运动的事实分析出来,没有强有力的有组织的下层民众——工农参加,革命是难能成功的。""在以农立国的中国,占全国人口百分之八十强的农民,是民族运动中唯一大主力。农民不参加运动,中国革命鲜有希望。"二是认识到要充分发挥工会等组织的坚强保障作用。《职工在现社会的地位》是陈云在《职工》创刊号上发表的第一篇文章,他明确指出:"职工会是我们奋斗的武器。没有武器的徒手奋斗,多么危险!吾们拥护职工会,为了要它代表吾们一切利益,更要它引导我们到民族革命的前线上去,完成吾们勇敢工人应做的工作。"[①] 三是认识到工人中也有先进与落后区别,需要不断教育引导。陈云在《罢工专号》发表《罢工后职工应有的觉悟》一文中,针对罢工时有人说"别人被裁,吾不被裁,何必牺牲自己而为他人奋斗"那样的错话,陈云当即严肃指出:这是"一种幼稚病,吾们要积极纠正"。[②] 并进一步对其中原因做了透彻分析。

"四一二"反革命政变后,国民党反动派封闭了商务印书馆工会,并逮捕许多革命同志,在这种情况下,1927年九十月间,陈云也被迫离开商务印书馆。至此,陈云结束了在商务印书馆七年的生活,由一名普通的学徒转变为一名无产阶级革命者。在这里,他立下了将革命进行到底的坚定誓言。在离别时,陈云深沉而又坚毅地对朝夕相处的商务工友说:"我要走了。""我此去一不做官,二不要钱,三不妥协,只为了要跟反动派斗争到底,求工人的

[①] 《陈云传》(一),中央文献出版社2015年版,第39—41页。
[②] 同上书,第43页。

解放。"① 他也常对商务工友说这样一首打油诗:"铁窗风味,家常便饭。杀头枪毙,告老还乡。"② 反映了一个共产党员坚定的信念和视死如归的气概。

在商务印书馆工作的七年间,陈云完成了从一个学徒、店员到一名无产阶级革命者的转变。晚年陈云回忆在商务印书馆的岁月时仍记忆犹新,并动情地表达了"进入商务印书馆才有自己这一生"的感慨。

(作者单位:中共上海市青浦区委党校)

---

① 《陈云传》(一),中央文献出版社2015年版,第52页。
② 同上书,第51页。

"我一生转折从商务开始"

——试论商务印书馆对陈云的人生影响

房　中

2019年是陈云进入商务印书馆100周年。1919年12月，陈云在班主任老师张行恭的帮助下前往商务印书馆当学徒，直到1927年九十月间离开商务印书馆，这七年多的经历，对陈云的一生产生了重要的影响。20世纪50年代，陈云在上海回忆自己的革命经历时，对张行恭老师说："我一生转折从商务开始。没有先生你，就没有我今天。"[①] 晚年，陈云对自己的女儿也回忆道："从青浦到上海，这是我人生中间，非常重要的一段，这步迈出去以后，才有机会接触到共产党，才有这一生。"[②] 那么，商务印书馆的经历给陈云的一生带来了怎样的影响呢？

[①] 朱习理、王志涛：《陈云同志幼年二三事》，《上海党史研究》2000年度增刊。
[②] 《亲情话陈云》，中央文献出版社2006年版，第3页。

一、进入商务印书馆，陈云的阶级身份由农民阶级变为工人阶级

1905年6月13日，陈云出生在青浦练塘一个贫苦的农民家庭。他自幼生活在社会的最底层，饱尝艰辛，饱受风雨，饱经沧桑。在练塘，他的身份就是农民阶级的一员。但是，14岁的陈云进入商务印书馆当学徒，他的阶级身份发生了重大的变化，变成了工人阶级的一员。这一转变，对陈云产生了重要的影响。

商务印书馆是上海工人阶级比较集中的单位。1925年6月，商务印书馆印刷所召开工会成立大会时出席者五六百人。在商务印书馆，陈云参加了五卅运动，目睹帝国主义的凶残面目，体验到工人阶级的爱国热情。他还参与组织领导了商务印书馆工人大罢工，之后当选为工会委员长。1926年10月至1927年3月，为了配合北伐军进军，上海工人举行了三次武装起义，陈云先后参加了这三次武装起义。离开商务印书馆之后，陈云曾在江苏省委工作，分管全省农民运动的同时，还参与领导上海的工人运动。陈云自己曾总结说："我对于职工运动及党的组织工作最有兴趣。"[①] 在领导工人运动的过程中，锻炼了他的才能，显示了他的胆识，坚定了他的信念。

1927年中共八七会议上提出在城市斗争中培养和提拔工人干

[①] 《陈云传》（一），中央文献出版社2015年版，第25页。

部。①1928年6月，中共六大在莫斯科召开，更加强调"干部工人化"。中共六大认为，中共自八七会议以来虽然在党的指导机关工人化上有了相当的成绩，在所有的党的工作上都加强了无产阶级分子的作用，但党的无产阶级基础依旧异常的薄弱。因此，中共六大指出："在最近的将来，所有党的努力都是应当走向大工业（纺织工业、金属工业、铁路、海上交通、矿山、市政等等），在那里巩固我们的组织。"② 在这一思想的指引下，提拔、重用工人阶级出身的干部就成为一种现象。一大批工人出身的党员被选进中央委员会，甚至走上中央核心领导层，如：向忠发、罗登贤、卢福坦、陈云等。当时，中共六大选出的中央委员共36人，其中具有工人阶级背景的占21人。1930年，年仅25岁的陈云，在中共六届三中全会上被补选为中央候补委员。1931年，陈云在中共六届四中全会上被补选为中央委员。1932年，陈云任临时中央政治局常委，全国总工会党团书记。1934年，年仅29岁的陈云，在中共六届五中全会上被选为中央政治局委员、常委，走进了中央核心领导层。

从20世纪30年代以来，陈云一直都被看作是工人阶级出身的领导人。1956年9月，中共七届七中全会在北京召开。会上陈云被提名为中共中央副主席。毛泽东在发言中讲到为什么要设中央副主席和总书记以及为什么要提名刘少奇、周恩来、朱德、陈云为副主席时，说："至于陈云同志，他也无非是说不行，不顺，我

---

① 李维汉：《对瞿秋白"左"倾盲动主义的回忆与研究》，《中国社会科学》1983年第3期。

② 中央档案馆编：《中共中央文件选集》第4册，中共中央党校出版社1990年版，第448页。

看他这个人是个好人,他比较公道、能干、比较稳当,他看问题有眼光。……至于顺不顺,你们大家评论,他是工人阶级出身。不是说我们中央委员会里工人阶级成分少吗?我看不少,我们主席、副主席五个人里头就有一个。"①

二、进入商务,接触到经济

陈云之所以能够成长为中国社会主义经济建设的重要开创者和奠基人,跟他在商务印书馆的经历是分不开的。在商务印书馆,陈云到发行所文具柜当了一名学徒,初步学会了如何做经济工作。在以后从事经济工作中,陈云多次提到在商务印书馆站柜台的经历。1944年,陈云在《学会做共产党的商人》的讲话中说:我从前在上海洋行里,卖过铅笔、信封、信纸、钢笔。"铅笔什么牌子好,我懂得。一支派克笔是什么价钱,真假如何,这一点我也内行。"②他还讲做生意要精通业务,"精通业务的标准是什么呢?一个是总结经验,一个是规定条例",并举例说:"从前王云五(曾任商务印书馆总经理——笔者注)'整'我们,便是这样'整'的。"③这就是说,陈云所在的商务印书馆当时制定了许多条例来约束员工。

1952年6月,陈云在谈到市场时,明确提出不要取消名牌货,并以他亲身碰到的事情举例,说:"早先在上海的时候,世界书局、中华书局、商务印书馆几家共同组织了一个书店,我是被派去的

---

① 《陈云年谱》(修订本)中卷,中央文献出版社2015年版,第482页。
② 《陈云文集》第1卷,中央文献出版社2005年版,第379页。
③ 同上书,第393页。

一个。有一个人要买小孩用的书包,问多少钱,我说一块钱。他说,有一块钱还不如到商务印书馆去买哩。实际上是一样的东西,只是用了另一个牌子,但是他就认为商务印书馆的好。"1955年1月,陈云在中共中央上海局会议上就商业零售与批发问题讲话,说:要把百货公司分细,"现在的百货公司太大,包括一切,必须分细一点。应该增加一级批发站的业务人员","过去,商务印书馆的资金只有二百万元光洋,业务人员就有五百多人"。① 由此可见,陈云在商务印书馆的经历在他的脑海中留下了深刻的印象,并产生了重要影响。

1917年夏,陈云曾到青浦县乙种商业学校学了一个多月的珠算和记账。到商务印书馆后,他站柜台卖货,每天都打算盘,使得他的珠算能力有了很大的提高。他说:"打算盘什么手指管什么珠是一定的,不能错,五个指头分了工的,差一点都不行。"② 他多次强调做生意要会打算盘,"不学会打算盘,生意就不好做"。"要能打算盘,能写账,这是做生意的人必须学到的。"③ 新中国成立后,陈云还说:财经系统中"不会'打算盘'的工作人员和领导人员决不是好的工作人员和领导人员"④。在编制第一个五年计划时,陈云就是用算盘计算一些数字,计算一些账目。1981年初,中国佛教协会会长赵朴初看到陈云打算盘的一张照片后,非常感慨,写了一首诗:"唯实是求,珠落还起。加减乘除,反复对比。运筹帷幄,

---

① 《陈云文集》第2卷,中央文献出版社2005年版,第567页。
② 《陈云传》(一),中央文献出版社2015年版,第18页。
③ 《陈云文集》第1卷,中央文献出版社2005年版,第380页。
④ 《陈云传》(一),中央文献出版社2015年版,第635页。

决胜千里。老谋深算,国之所倚。"

在商务印书馆,陈云还观察了整个大上海的经济。20世纪20年代至30年代中期,是上海近代都市文明发展的高峰。在民族主义浪潮的影响下,民族工商业兴盛发展,城市发展产生新的动力。这个阶段,正是陈云在上海的时期,上海的商品交易所就给他留下了深刻的印象。1943年,陈云在党的文艺工作者会议上的讲话中指出:"我们的同志有住在上海的,是不是知道上海呢?大家知道上海有交易所,但是证券交易所也好,纱布交易所也好,究竟是个什么情形,知道的人就少了。我听说茅盾写《子夜》,就跑了好久的交易所。"[①] 东北时期,陈云在拍板决定坚守南满时说:"我们学上海交易所的规矩,成交了。"[②] "文革"中,陈云提出要研究资本主义,尤其要很好地研究世界市场的价格,他说:价格问题很复杂,经常变化,"我过去在上海当学徒的时候,上海的交易所就是那样。这就要求我们要有远见"。[③] 他提出:对于资本主义商品交易所,我们要研究它,利用它,而不是消极地回避它。

他还提到上海的银行业。"文革"中,陈云谈到外资,说:"和过去(指解放前)上海、天津那些银行、钱庄一样,看到哪家生意做好了,就找上门来了,无非是要些利润。这就是马克思讲的平均利润率。你信誉好的时候人家找上门来,不好的时候就要逼债。"[④] 改革开放后,针对大量借外国人的钱搞建设,陈云指出:"借

---

① 《陈云文选》第1卷,人民出版社1995年版,第279—280页。
② 《陈云年谱》(修订本)上卷,中央文献出版社2015年版,第614页。
③ 《陈云传》(一),中央文献出版社2015年版,第1408页。
④ 《陈云文选》第3卷,人民出版社1995年版,第219—220页。

外国人那么多钱,究竟靠得住靠不住?旧社会,我在上海待过,钱庄、银行贷款,要经过好多调查,确有偿还能力,才借给你。"①

三、进入商务,加入中国共产党

进入商务印书馆,陈云选择加入中国共产党,但是其选择的过程是艰辛的、是经过反复比较的。在商务印书馆,陈云有机会接触到社会上流行的种种思想和政治主张。他自己曾回忆:一开始"很赞成吴佩孚,后又很相信国家主义派是'外抗强权,内除国贼'"。②国家主义是近代非常流行的一种思潮,当时大部分进步人士如闻一多等都曾相信过,但是,当时社会是军阀混战、民众苦不堪言,因此,许多进步人士对当时的政府不再抱有希望,陈云也就放弃了国家主义。

五卅运动前后,陈云又从商务印书馆的国民党党员那里,接触到三民主义,"觉得孙中山的道理'蛮多'",在三民主义的指引下,经商务印书馆的同事薛兆圣、张文菲介绍,加入国民党,并成为国民党上海特别市党部闸北区第十五分部(商务印书馆发行所分部)的首创人之一。

然而,陈云选择的步伐并没有停止。他在同事的介绍下,前往上海通信图书馆看书,开始接触到马克思主义。这个图书馆由进步青年应修人、楼适夷共同创办。创办时藏书约138种,1928

---

① 《陈云文选》第3卷,人民出版社1995年版,第252页。
② 《陈云传》(一),中央文献出版社2015年版,第23页。

年增加到 5000 余种,多为进步书刊,如《共产党宣言》《通俗资本论》《中国青年》《向导》等革命书刊。在这个时候,陈云读到了《共产主义ABC》《马克思主义浅说》《资本制度浅说》这类的书籍,感到:"这些书看来它的道理比三民主义更好。"① 他开始"了解了必须要改造社会,才能解放人类"的道理。同时,商务印书馆是当时中国的一个新式的文化出版机构,出版了一批进步书籍,如:李季翻译的《社会主义之思潮及运动》,范寿康等的《马克思主义与唯物史观》,瞿秋白的《新俄国游记》和"苏联丛书",还有沈雁冰翻译的《国家与革命》。这些书籍的出版,为陈云了解新思想提供了便利。

在马克思主义的指引下,再加上五卅运动、商务罢工的锻炼,1925年的八九月间,陈云在董亦湘、恽雨棠的介绍下,加入了中国共产党。对于自己入党的经过,他后来回忆说:"当时之加入共产党最大的原因是大革命的潮流的影响,同时生活上眼见做了五年学徒,还是每月只赚七元钱的工资,罢工以后,就接近了党了。但当时入党时有个很重要的条件把三民主义看了,把列宁主义概论和马克思主义浅说都详细地看了,那时确了解了必须要改造社会,才能解放人类。这个思想对于我影响很大。"② 他还说:"我自觉入党时经过考虑,而且入党以后,自己觉得此身已非昔比,今后不是做'成家立业'的一套,而要专干革命。"③ 这句话表明了陈云的初心与使命。

---

① 《陈云传》(一),中央文献出版社2015年版,第36页。
② 《陈云年谱》(修订本)上卷,中央文献出版社2015年版,第25页。
③ 同上。

在商务印书馆，陈云选择加入中国共产党，标志着他由一个好学、上进的店员，开始成长为一名坚定不移的无产阶级革命者。此后，他为中国共产党奋斗了整整70年，为新民主主义革命的胜利和新中国的诞生，建立了赫赫功勋；为探索中国社会主义建设道路作出了杰出贡献；为中国共产党开创中国特色社会主义道路作出了卓越贡献。

四、进入商务，磨炼了意志

陈云的童年生活是悲惨的，两岁丧父，四岁丧母，六岁抚养他的外婆也去世。后来又由舅父母抚养长大。但是陈云非常勤奋、刻苦、懂事，学习成绩一直非常好。进入商务印书馆后，陈云更加刻苦地学习。商务发行所的工作非常繁忙，每天工作12个小时，上下班路上还花费一定的时间，回到住地，早已疲惫不堪，但是陈云还是看书学习。他的工友陈竹平曾与陈云一起工作，一起住宿，他曾回忆说："每天清晨，天还没亮他就起身读书、写字、学英文；晚上下班后，回到宿舍也是读书写字到深夜，成年累月从未间断过。"[1] 陈云自己也回忆说："我应该说在商务时期，对我在文化上的得益很大，全部'童话''旧小说''少年丛书'都看了，有时也可翻翻杂志。同时我自信也是很用功的一个人，练字，上夜校（商务办的），读英文。"[2] 可以说，陈云以一个高小毕业生的文化程度，

---

[1] 参见陈云故居暨青浦革命历史纪念馆编：《走近陈云——口述历史馆藏资料辑录》，中央文献出版社2008年版，第8页。
[2] 《陈云传》（一），中央文献出版社2015年版，第20页。

后来能够成长为党和国家的领导人、杰出的马克思主义者，跟这几年的勤奋学习是分不开的。

在商务，陈云还一改以往文弱、沉静的个性，从各方面锻炼自己。他每天早晨六点起床，去闸北公园锻炼身体；尝试各种球类活动，乒乓球、篮球场上时常能看见他的身影。还抽空去打靶，他的射击成绩在同伴中总是遥遥领先。他还经常去听评弹，还买了二胡、笛子，一有时间就练习拉胡琴、吹笛子。他说："我们是青年人，青年人应该奋发有为；我们要做一个站在时代前面的青年，不要做时代的落伍者，更不要做暮气沉沉的青年。"[1]

在商务，陈云还养成节俭的好习惯。刚开始时，陈云的月薪只有三块大洋，后来涨到九块大洋。即使这样，陈云还省吃俭用，把省下来的钱用来接济舅父母一家的生活，有时还会帮助有困难的职工。同时，商务印书馆是经过艰苦创业起家的，商务管理者总是精打细算。陈云当学徒时商务印书馆的主要管理人是张元济。张元济就十分俭朴，他平时写张条子都是用裁下来的废纸，一个信封也常常反复使用4次以上。当时编译所所长何炳松每天向张元济报告所务，都是套在新的信封送去，过了二三个星期，送信人带回一叠信封，附着一张字条，请他以后用这些旧信封送。经过商务这种俭朴作风的洗礼和磨炼，陈云在领导经济工作中总是精打细算，他本人也是十分节俭，他的发言稿常常写在台历的背面。

---

[1] 陈云故居暨青浦革命历史纪念馆编：《走近陈云——口述历史馆藏资料辑录》，中央文献出版社2008年版，第9页。

商务印书馆对陈云的一生产生了重要的影响,陈云对商务印书馆也产生了深深的感情。1949年9月出版的第一期《商务职工》上,刊登了《欢迎陈云同志来沪》的报道,说:"这次(1949年8月——引者注)他因公到上海,抽空到发行所来访问老同事,虽然有许多人没有看见他,更有许多人不认得他,但是他到一个地方,总要到商务去看一看,像他的第二家庭一样。"

(作者单位:陈云纪念馆)

商务印书馆对陈云人生的重大影响

杜 娟

1919年12月8日,年仅14岁的陈云在颜安小学班主任老师张行恭的介绍下来到上海商务印书馆。1925年1月,商务印书馆在上海北四川路增设虹口分店,陈云于同年6月份被转到虹口分店去当店员,直至1927年离开。期间,他积极投身中国革命洪流,并正式加入中国共产党,成为了一名真正的马克思主义者,开启了自己职业革命家的生涯,进而从一个普通工人逐渐成长为党的领导人。这一时期,是对陈云此后所走道路影响至深至远的重要时期。

一、使陈云具有了工人阶级的身份

长期以来在党内,陈云一直被看成是中共中央领导层中工人阶级出身的一位代表。1956年在中共八大的筹备过程中,毛泽东提名陈云为中共中央副主席时就曾说:"他是工人阶级出身,不是说我们中央委员会里工人阶级成分少吗?我看不少,我们主席、副主席五个人里头就有一个。"① 而陈云的工人阶级身份,就主要源于他在上海商务印书馆时期的工作和革命经历。

1919年五四运动爆发,中国工人阶级与帝国主义、封建主义进行英勇的斗争,开始以独立的政治力量登上中国历史舞台。中国工人阶级具有三个基本特征。1.工人阶级是无产阶级的一部分。无产阶级是相对于资产阶级而言,主要指没有生产资料,靠出卖劳动力来获取生活资料的雇佣劳动者阶级,因此,工人阶级必须首先符合无产阶级的特点,即没有生产资料和生产工具。2.中国的无产阶级身受三重压迫,在革命斗争中,他们会向资本家争取自己的利益,比任何别的阶级来得坚决和彻底。3.中国无产阶级开始走上革命的舞台,就在本阶级的革命政党——中国共产党领导之下,成为中国社会里最有觉悟的阶级。

上海不仅是中国工人阶级集中、工人运动发展和革命力量的汇集地,也是马克思主义的传播地和工人阶级先锋队——中国共产党的诞生地。1921年中国共产党在上海诞生,随后中国共产党领导工人运动的公开机关中国工会办事处也在上海成立,工人运动和罢工斗争开始有了党的领导。商务印书馆是上海最重要的一支产业工人大军的聚集地,同时也成为中国共产党成立后开展活动的一个重要基地。

从1919年12月到1927年4月,陈云在上海商务印书馆工作生活了七年,他正是在上海这个中国工人阶级的大本营,在商务印书馆这个工人阶级集中的地方成长起来的中国工人阶级的优秀

---

① 《毛泽东文集》第7卷,人民出版社1999年版,第112页。

分子。这期间,陈云由最初发行所文具仪器店的学徒到店员,后又转到虹口分店当店员,每天都是从早上8点到晚上8点,持续工作12个小时,靠着给资本家打工,凭借自己的劳动力赚取微薄的工钱。工资也只是根据被雇佣者的业务熟练程度、技艺增长情况而发放,因此,陈云刚进店时,每个月只有三元钱的工资,后来由于辛勤的劳作和业务的熟练,才由最初的三块涨到后来的七块,直至最后的九块。对此,陈云回忆说:"公司还供食宿,其余自备。第二年加二元,第三年加二元,第四年不加。大约到1925年还只九元一月。此时在商务虹口分店。"[1]

后来随着革命形势的日益发展,陈云在资本家的无情压迫和工人阶级自身历史使命的驱使下,最终在本阶级革命政党——中国共产党的领导下,采用工人运动和工人斗争的方式,同资本家进行坚决而彻底的斗争,为包括自己在内的所有工人阶级争取切实利益。由此可见,陈云不仅是工人阶级中的普通一员,他更是长期从事工人运动、了解和熟悉工人阶级的优秀成员。

二、提升了陈云的政治理论素养

上海商务印书馆是中国最早的、在国内外有广泛影响的重要文化教育出版单位。陈云在这样一个环境里,不断接受进步思想的熏陶,极大地开阔了视野。早期陈云基本理论素养的迅猛提高就得益于高小毕业后到上海商务印书馆工作的经历。

---

[1] 《陈云传》(一),中央文献出版社2015年版,第16页。

在这里，陈云利用商务印书馆当学徒的便利，从文化、经济、社会等方面如饥似渴地学习文化知识，提升自己的理论素养。他每天工作12个小时，下班后路上还要花费两个多小时，回到住处时早已疲惫不堪，但他仍坚持读书学习。不仅如此，陈云还积极参加了商务印书馆为职工开设的进修班学习，包括英文、图书分类、书刊出版和印刷，以及练习毛笔字等课程。对此，商务印书馆的同事陈竹平就曾回忆说："每天清晨，天还没亮他（指陈云——引者注）就起身读书、写字、学英文；晚上下班后，回到宿舍也是读书写字到深夜，成年累月从未间断过。"[①] 而陈云对自己在这一阶段的学习印象也是颇为深刻，他曾这样评价说："应该说在商务时期，对我在文化上的得益很大，全部'童话''旧小说''少年丛书'都看了，有时也可翻翻杂志。同时我自信也是很用功的一个人，练字，上夜校（商务办的），读英文。"[②]

商务印书馆不仅是中国重要的文化教育出版单位，同时也是中国知识分子聚集的地方。这里的许多人不但有觉悟、有思想、有组织、有战斗力，而且大部分具有较高的文化水平，还拥有不少知名学者。陈云作为商务印书馆职工会代表，有机会听这些著名知识分子和学者的讲话并结识他们，他还受到这些人的影响和激励，开始阅读进步的政治理论书籍。当时上海有一个进步图书馆——上海通信图书馆，是由进步文化人应修人、楼适夷在20世纪20年代初创办的。在这里，陈云开始接触到马克思主义书籍和

---

① 参见陈云故居暨青浦革命历史纪念馆编：《走近陈云——口述历史馆藏资料辑录》，中央文献出版社2008年版，第8页。

② 《陈云传》（一），中央文献出版社2015年版，第20页。

其他进步书籍,如《共产党宣言》《辩证唯物论》《唯物史观》等,这些进步书籍有时不宜在公开场所阅读,他便躲到厕所里去读。

加入中国共产党后,陈云还先后参加20余次党内举办的流动训练班,潜心阅读《共产党宣言》《国家与革命》等马列著作。他不仅自己奋发向上,而且还带动大家学习。陈竹平回忆,陈云常常勉励他们说:"我们是青年人,青年人应该奋发有为;我们要做一个站在时代前面的青年,不要做时代的落伍者,更不要做暮气沉沉的青年。"[①]

这一时期,在进步思想的影响下,陈云不仅提高了自己的基本文化素养,同时也提高了政治理论素养。这为他以后的革命生涯打下了坚实的理论基础,使得只有高小学历的他,最终成长为知识广博、眼界开阔、有远大理想的党和国家高层领导人。

三、从这里走上了革命道路

陈云晚年曾回忆说:"从青浦到上海,这是我人生中间,非常重要的一段,这步迈出去以后,才有机会接触到共产党,才有这一生。"[②]正如陈云自己所说,上海商务印书馆是自己人生的起点。尤其是1925年到虹口后,他树立了马克思主义信仰,正式加入了中国共产党,开启了自己职业革命家的生涯。自此,他为共产主义事业奉献了自己的一生。

---

① 陈云故居暨青浦革命历史纪念馆编:《走近陈云——口述历史馆藏资料辑录》,中央文献出版社2008年版,第9页。

② 《亲情话陈云》,中央文献出版社2006年版,第3页。

19世纪末20世纪初,各种政治思想潮流跌宕起伏,中国社会发生着深刻的变化。20世纪初,马克思主义传到中国,具有初步共产主义思想的知识分子开始学习和宣传马克思主义。1919年爆发的五四运动成为新民主主义革命的开端,并直接促成1921年中国共产党的成立,新民主主义革命拥有了坚强的领导核心。

陈云在商务印书馆这样一个文化氛围浓厚的地方,有机会接触到当时社会上流行的种种思想和政治主张。在探索救国救民、寻求真理的社会实践中,在各种思潮的碰撞中,陈云经历了反复选择、斟酌、比较、思考、实践并最终确立信仰的过程。

1924年国民党一大后,在共产国际的帮助下,国共两党以"党内合作"的形式实现了第一次合作,国民党经过改组后也由一个资产阶级性质的政党变成工人、农民、小资产阶级和民族资产阶级四个阶级的革命联盟,孙中山所倡导的"三民主义"成为国共合作的政治基础。那时陈云还很年轻,他当时还只是一个随资本家罢市的店员。但在国共合作的大背景下,陈云从商务印书馆的国民党党员那里接触到"三民主义",经过反复比较后,他说:"以前,我很赞成吴佩孚,后又很相信国家主义派是'外抗强权,内除国贼'。看了三民主义,觉得孙中山的道理'蛮多'。"① 于是,在1925年六七月间,陈云经商务印书馆同事薛兆圣、张文菲介绍,加入了中国国民党,并成为国民党上海特别市党部闸北区第十五分部(商务印书馆发行所分部)的首创人之一,担任分部常务委员会委员。第一次国共合作建立以后,革命得到全面迅速的发展,开创了中国革命的新局面。

---

① 《陈云文选》第1卷,人民出版社1995年版,第111页。

但是，革命统一战线仅维持了三年半时间，1927年，接连出现"四一二"反革命政变和"七一五"反革命政变，国民党大肆屠杀共产党员、革命群众和国民党左派。1927年7月国共合作全面破裂，左派国民党部均被取消，陈云亦退出了国民党。

期间，陈云开始研读《马克思主义浅说》等马列著作，接触革命民主主义思想和共产主义思想，认识到"必须要改造社会，才能解放人类"的道理。随后，陈云还积极参加群众声援运动，组织工人大罢工，领导工人武装起义，在领导和组织工人运动的实践锻炼中，陈云亲眼目睹了帝国主义的凶残面目，亲身体验到了工人阶级和其他爱国群众的斗争热情，看到了蕴藏在他们中间的巨大力量。在中国革命大潮的洗礼中，在马克思主义的熏陶下，陈云最终确立了马克思主义和共产主义理想信念。在1925年八九月间，经中共上海商务印书馆第一任党支部书记董亦湘和党员恽雨棠的介绍，陈云加入了中国共产党。这是陈云在思想上的重大转变，是他新的政治生命的开始。

由此可见，陈云下决心参加中国共产党，是经过了深思熟虑和反复比较的。人生观的根本转变，标志着陈云由一个好学、上进的店员，开始成长为一名坚定不移的无产阶级革命者。在此后长期而复杂的斗争环境中，他排除各种干扰、消除各种困惑，时刻坚守着自己的政治立场，为中国共产党领导的中国人民的解放事业和社会主义事业奋斗了整整70年，贡献出毕生的精力。

（作者单位：陈云纪念馆）

工人运动寻初心　商务馆内铸使命

——陈云的初心和使命

陶　蕾

习近平总书记在党的十九大报告中指出："不忘初心,方得始终。中国共产党人的初心和使命,就是为中国人民谋幸福,为中华民族谋复兴。"无论对于老一辈无产阶级革命家来说,还是对当代的共产党人来说,这个初心和使命从来都没有变过。

近代以来,由于西方列强的入侵和封建统治的腐败,中华大地山河破碎、生灵涂炭,中国逐渐沦为半殖民地半封建社会。目睹国家危亡局势和社会黑暗状况,陈云等老一辈无产阶级革命家从入党那一刻起,便肩负起了为人民谋幸福、救民众于水火的历史重任。

一、苦涩童年使他认识到民族自强的重要性

1905年6月13日,陈云出生在江苏省青浦县练塘镇下塘街一所背靠河道的低矮小屋,这块地方1958年划归上海。出生后没

奶吃，故自小体质较差。祖上世代务农，生父陈梅堂，务农兼做手工业。生母廖顺妹，原籍广东，患有严重的风湿性关节炎。胞姐陈星，年长陈云八岁。陈云家境贫寒，既无田地也无房产。

他的童年是苦涩的。两岁丧父，四岁丧母，父母双亡以后，由外婆抚养，外婆抚养到他六岁的时候又过世了。外婆过世前，把她的儿子廖文光叫到了床前说：你们夫妇结婚多年没有孩子，就把陈云过继给你们当养子，改名叫廖陈云。所以，陈云是由舅父母抚养长大的。

陈云自幼性格文静，待人接物很有礼貌。在舅父母的抚养下，他断断续续上了几年学。他八岁在镇上上私塾，初受启蒙教育。九岁上初小，根据已有文化程度，被校方分在三年级，11岁初小毕业。由于舅父没有钱，只能辍学在家。后来在亲戚的资助下，又到青浦县立乙种商业学校学了一个多月的打算盘和记账。之后，又是因为没有钱，辍学在家。

就在这个时候，陈云遇到了他生命当中的第一位贵人。当时的颜安小学校长杜衡伯常来小酒馆吃酒。陈云在小酒馆里帮忙。通过交谈，杜校长发现陈云的国学知识掌握得很扎实，数学算得也很快，就问他的舅父母，怎么不让他去上学？舅父说，没有钱，上不起学。杜校长爱才心切，就对舅父母说：让他到颜安小学读书，我给他免学费。就这样，陈云又进入颜安小学读书。小学毕业后，再也没有进入正规的学校学习。

陈云十分珍惜来之不易的读书机会，更加废寝忘食地刻苦学习。凭着天资聪颖，加上勤奋好学，善于思考，学习成绩总是名列前茅，连年获得品学兼优奖状。班主任张行恭老师对陈云思想的影响极大。张老师是位思想进步的爱国人士，经常向同学们讲述近代历史故事，如林则徐虎门销烟，谭嗣同舍生取义，康有为、梁启超变法等。陈云听得特别认真，笔记记得一丝不苟，有时还提问题请老师解答。陈云懂得了什么是帝国主义侵略，什么是封建主义剥削，强烈的民族主义意识油然而生。

五四运动爆发后，青浦与全国一样，反帝爱国运动风起云涌。在张老师的带领下，陈云与同学们组成童子军、"救国十人团"和宣传队，上街游行，号召大家坚决不当亡国奴。通过这次反帝爱国运动，陈云非凡的组织才能充分显现出来，在同学中享有较高的威信。他立志报国的思想也逐渐萌发。

小学毕业后，陈云又待在家里。这时，他的班主任张行恭又帮他迈出了重要的一步。1919年秋季开学后，张行恭从松江度假归来，到各个毕业生家里去走访，用他自己的话来说："一来我是喜欢关心人，二来责有攸归，了解了哪几个升学、哪几个就业，于心就安了。"[①] 那次访问，张行恭了解到有的同学考取了松江和青浦县的中学，有的就业，"独其最优秀的廖陈云同学，株守在家"。这引起他的怜才之念，他问陈云的舅父母：为什么让孩子失学？当得知是出于经济困难的原因后，又问：为什么让廖同学闲在家中，不让他去就业呢？廖文光回答：就业也不是一件容易的事。要托好亲好友去介绍，我们哪里去托啊？张行恭慨然表示："像廖陈云同学这样优秀的学生，假使一直待在家里，就误了他的前途。升学，我无多余的经济补助；在就业方面，或可与他

---

① 《陈云传》（一），中央文献出版社2015年版，第13页。

想想办法。"①

当日回到学校上完课后,张行恭给在上海商务印书馆发行所担任文具仪器柜主任的二弟张子宏写信,希望他留意一下,帮自己的一位优秀学生找个工作。大约一个月后,张行恭接到弟弟的回信,答应陈云前去上海应聘。他高兴地通知陈云准备动身,前往上海。

此时的陈云尽管只有14岁,但他却过早地尝到了世间的悲苦和心酸,也感受到了人间的亲情和友善。陈云虽然年少,但此时已初露出非凡的胆识、才能和沉着、坚毅的性格。五四爱国运动的洪流将他内心稚嫩的爱国之情凝聚成坚定的报国之志。因为自他懂事起,就已经耳闻目睹了帝国主义列强在中国国土上横行霸道的强盗行径,心里深感愤懑不平。社会的黑暗、人民的苦难,在少年陈云心中留下了深刻的印象。随着年龄的增长,陈云心中民族自强的感情愈发强烈。

二、学徒、店员的生活使他认识到工人阶级的不易

上海商务印书馆创办于1897年,是当时中国最早的、在国内外有广泛影响的重要文化教育出版单位。创办人是青浦籍人士夏瑞芳。最初只设立一家印刷所经营印刷业务,是一个小小的手工工场;后来逐渐发展壮大,尤其在张元济加入后,开始编辑出版教科书、词典、外国文学作品、科学译著及学术著作等,规模不断扩大。在它的全盛时代,不但在上海设有制度完备的总务处、发行

---

① 《陈云传》(一),中央文献出版社2015年版,第13页。

所、编译所以及机械、技术相当完善的印刷总厂，还在北京、香港设有印刷分厂，在全国各主要城市设有分支馆36处。资金有250万光洋，合60年代时的人民币1000万元。商务印书馆职工人数众多，许多人不但有觉悟、有组织纪律性、有战斗力，而且大部分具有较高的文化水平，还拥有不少知名学者。仅就上海总馆而言，是当时上海最重要的一支产业工人大军和知识分子聚集的地方。在中共最早的党员中，陈独秀、沈雁冰（茅盾）、董亦湘、杨贤江等都在这里工作过。

1919年12月8日（农历十月十七），陈云在张行恭的带领下，背着简单的行装，离开家乡章练塘，搭乘一叶小舟，经松江到达上海，进入商务印书馆当学徒，开始了他人生中新的一页。这一天，给陈云留下的印象很深很深，以至20多年后他在延安写自传时，还清清楚楚地记得"农历十月十七"这个日子。

陈云在商务印书馆被分配到发行所的文具柜台当学徒。由于当时他个子比较矮，他就站在长凳子上接应顾客。他不但悟性高，而且刻苦谦虚，很快熟悉了业务，受到老职工的称赞和信任。提前一年学徒期满后，陈云升为店员。

陈云在商务印书馆一共待了七年。在这七年中，他利用商务印书馆的便利条件，如饥似渴地看书学习，看遍了书店中的"童话""旧小说""少年丛书"，还利用业余时间练毛笔字。到馆里为职工办的图书学校学习英文、图书分类及出版、印刷的有关知识。在图书学校结业后，又有选择地阅读一些政治书籍，探求救民强国的真理。所以，他虽然只有高小学历，却成为发行所的年轻人中学识最渊博的一个人。此时的陈云身上已经体现出刻苦、谦虚、节俭、自制力强的优秀品质。

发行所营业时间从早8点到晚8点,加上从发行所到宿舍的时间,每天实际超过十四五小时,许多工友早早休息,陈云总是第一个起床,最后一个休息,早起读书,练毛笔字,念英语。在发行所当学徒,第一年三元,第二年五元,第三年七元。陈云生活节俭,从不乱花钱,把节省下来的钱积攒起来,寄给家里,还帮助有困难的同事。他待人诚恳、谦虚,一些老职工和顾客都非常喜欢他。

对于到商务印书馆工作的情况,陈云在自传中有回忆,他说:"我十五岁的一九一九年十月十七即到上海进商务印书馆,开始发行所主任不要我,说我太小,后张子宏说情,收下了,即在文具部当学徒,每月三元,公司还供食宿,其余自备。第二年加二元,第三年加二元,第四年不加。大约到一九二五年还只九元一月。此时在商务虹口分店。"[1]

商务印书馆是具有一定规模的民族资本主义企业,也存在严重剥削,底层工人工资低,工时长,待遇不平等。工人们处境艰难,郁积强烈不满情绪。对此,陈云深有体会。因此,当五卅惨案发生后,他积极地投入到工人罢工的洪流中,为自己、为工友、为全商务印书馆的工人们争取他们应得的利益和权利。

三、领导工人运动期间寻找到"初心"

1925年5月30日,在上海,2000多名学生抗议日本纱厂资

---

[1] 《陈云传》(一),中央文献出版社2015年版,第15—16页。

本家镇压工人大罢工、打死工人顾正红（共产党员）；在租界内开展宣传，号召收回租界，被英国军警逮捕100多人。随后，群众近万人集中在英租界南京路巡捕房前，要求释放被捕群众，英国巡捕竟开枪杀害群众十余人，伤数十，造成五卅惨案。接着爆发了五卅运动。

在这场激烈的反帝爱国运动中，商务印书馆参加了上海总工会举行的同盟罢工，陈云和职工一起参加了游行、为同胞募捐、义卖《公理日报》等活动，每天一早领取报纸，沿上海的大街小巷叫卖。

五卅运动带给商务印书馆的影响重大而深刻，也使陈云从中体验到工人阶级的力量和群众的斗争热情，陈云后来总结说："我对于职工运动及党的组织工作最有兴趣。"在五卅运动大潮中经受的洗礼，无疑对他有重要启蒙意义。

五卅运动有力地推动了中国革命的发展。此后，中国共产党开始在工人中大量发展党员。因为陈云在五卅运动中的优秀表现，商务印书馆的党组织开始注意这个年轻人。在进步同事的介绍下，陈云来到了当时由几个进步青年办的上海通信图书馆看书。在这里，陈云有机会接触大量进步书刊，并开始系统研读马列主义书籍和苏联革命的有关书籍，使他的觉悟有了很大的提高，逐步树立起对马克思主义的信仰，并且主动加入到中国共产党领导的工人运动中去。

五卅运动发生后，由于受到军阀的镇压，上海工人运动转入低潮，党中央准备再次掀起罢工高潮，推动中国革命形势的发展。

由于商务印书馆职工革命觉悟较高，商务在当时是一个重要活动据点。编辑所的沈雁冰是中共最早期的党员之一，在1921年底的时候,就已经在商务印书馆发展党、团组织了。到1925年时,已有党、团员五六十人。于是,党中央派徐梅坤到商务领导斗争,陈云因为有较高威信,并且在五卅运动中表现突出,所以成为斗争骨干。

1925年8月的罢工,陈云被推举为发行所职工会委员长和罢工委员会委员长。此次罢工从发行所扩大到"三所一处",并提出了协商一致的复工条件,如承认工会、改善待遇等,最后资方全部接受条件。

经过这次罢工之后,商务印书馆第一任党支部书记董亦湘和党员恽雨棠找到陈云,大概在八九月间,在他们的介绍下,20岁的陈云加入了中国共产党,开始步入职业革命家的生涯。可是,到9月份的时候,上海总工会被奉系军阀查封。10月,直系军阀孙传芳进驻上海,不但查封了商务印书馆工会,而且资方又趁机解雇了百名职工。于是1925年12月,商务印书馆又有了第二次罢工。陈云代表罢工委员会与资方谈复工条件,资方派警察来威胁,陈云表现出大无畏的气概,最后资方妥协,基本同意了复工条件。

关于为什么入党,陈云是这样回忆的:"当时之加入共产党最大的原因是大革命的潮流的影响,同时生活上眼见做了五年学徒,还是每月只赚七元钱的工资,罢工以后,就接近了党了。但当时入党时有个很重要的条件把三民主义看了,把列宁主义概论和马克思主义浅说都详细地看了,那时确了解了必须要改造社会,才能解放人类。这个思想对于我影响很大。"① "我先是相信吴佩孚

---

① 《陈云传》(一),中央文献出版社2015年版,第36页。

的,后来相信国家主义,后来又相信三民主义,最后才相信共产主义,因为经过比较,认识到共产主义是最好的主义。"①

陈云并不是一开始就找到终身信仰的,而是经过比较之后,才最终确信只有改造社会,才能解放人类,这就是共产主义者为之奋斗的最终目的,也是陈云的"初心"。

四、商务馆内铸造"使命"

入党后,陈云自觉此身已今非昔比,他说:"我自觉入党时经过考虑,而且入党以后,自己觉得此身已非昔比,今后不是做'成家立业'的一套,而要专干革命。这个人生观上的改革,对于我以后有极大的帮助。"②

那么,陈云加入中国共产党之后,有没有动摇过呢?他虽然在组织上入党了,但对于今后一个共产党人的具体"使命"是什么,陈云还没有想得很清楚。陈云接下来要面对三关的考验。

第一关:生死关。

到1927年时,陈云的革命活动超出了商务印书馆的范围。1927年2月8日(农历正月初七),陈云当时正在出席上海总工会召开的各工会负责人联席会议,突然遭到英国巡捕房的袭击和逮捕,同时被捕的有64名工会积极分子,一起被押往提篮桥监狱。审问时没有人承认自己是共产党员,他们又都有正当职业。再加

---

① 《陈云文选》第1卷,人民出版社1995年版,第111页。
② 《陈云传》(一),中央文献出版社2015年版,第36页。

上中共江浙区委组织部部长兼上海总工会党团书记赵世炎积极组织营救，并提出：如不立刻放人，第二天将举行全市总罢工。英国巡捕房被迫于当晚10时将被捕者全部"无条件释放"。

"四一二"政变后，虽然国民党大肆捕杀共产党人，但由于商务发行所职工的掩护，陈云等几个共产党员这时的公开身份还是国民党员，所以仍能进馆做工。可是，不久，陈云所在的发行所职工会遭到国民党当局强行改组，陈云等被排除出职工会。到9、10月间，中共江苏省委按照八七会议确定的方针，动员在上海的共产党员到外县去发动农民，组织秋收暴动。陈云积极报名参加，并主动离开商务印书馆。令人庆幸的是，就在他离开商务印书馆的第二天，国民党政府就派军警抓陈云，因为陈云早走了一天，所以没有捕到。不久，国民党淞沪卫戍司令部便在全国范围内以高价悬赏并通缉陈云。

陈云对此毫不在意，他以一名革命者的大无畏精神，洒脱地说："我此去一不做官，二不要钱，三不妥协，只为了要跟反动派坚决斗争到底，求工人的解放。"[1] 因为他很清楚，这就是他作为一名共产党人的"使命"。

第二关：生活关。

对生死陈云早已置之度外，但面对生计的威胁呢？陈云虽然是主动辞职离开商务印书馆的，但"资本家'非但扣除了他的退职金，甚至连他应得的工资也给扣除了'"。[2] 对于出身贫苦的陈云

---

[1] 《陈云传》（一），中央文献出版社2015年版，第52页。
[2] 同上。

而言，就是饭碗没有了，他怎么吃饭？陈云也曾经犹豫过。

对此，陈云回忆说："做店员的人，有家庭负担的人，常常在每个重要关头，个人利益与党的利益有冲突时，要不止一次的在脑筋中思想上发生矛盾，必须赖于革命理论与思想去克服个人利益的思想。"[①] 但想到自己的"使命"，他很快坚定了自己的"初心"。他说："当我在参加革命后资本家威胁我时，我想到吃饭问题会发生危害，但立即又想到：怕什么？手足健全的人到处去得，可以到黄埔军校，可以卖大饼油条，只要立志革命，不怕没饭吃，归根结底只有推翻现在社会制度以后，才大家有饭吃。"[②]

第三关：亲情关。

当陈云回乡领导小蒸和枫泾农民暴动的消息传到舅父的耳朵里，他的舅父曾再三劝阻，并哭着在他面前求他，不让他走这条路。对此，陈云这样回忆："在1927年秋收暴动时，我的舅父已经知道乡下快要暴动了，那时他在我面前哭着说：我们是穷人家，将来靠你吃饭，你如果暴动了，不能立足，家庭将来不知如何过活，你还是去找找朋友找些职业吧！"当时矛盾的思想又起来了，是啊，面对养育自己的舅舅，陈云犹豫了。他想想，舅父说的也有道理，因为当时陈云在商务印书馆的工资也还可以，他一个月可拿到九块大洋。九块大洋是一个什么样的概念？可以供他自己在上海的生活，剩下的钱可以接济他舅父母一家的生活。所以他的舅父母就不理解陈云为什么好好的工作不做，要去冒着生命危险去做"造

---

① 《陈云传》（一），中央文献出版社2015年版，第36页。
② 同上。

反"的事。陈云面对两难境地,把自己关在屋里,想了三天三夜。可以说,三天三夜,决定了他这个人的人生。陈云想了三天三夜后,出来对自己的舅父母说了一段话:"不推翻现在社会制度,个人及家庭问题没有出路,只有到了革命成功时每个人可以劳动而得食时,人人家庭都可解放,我的家庭也就解放了。"[1]

时间是短暂的,但思想斗争是激烈的。在这三天中,陈云在"初心"的指引下,领悟到了自己的"使命"——只有"推翻现在的制度",人人才能得到解放。"为中国人民谋幸福,为中华民族谋复兴",这就是陈云的初心和使命。从此,陈云把毕生的心血和精力都贡献给了党和人民。

(作者单位:陈云纪念馆)

---

[1] 《陈云传》(一),中央文献出版社2015年版,第55页。

陈云在商务印书馆的工人运动实践

张 群

陈云是我国杰出的无产阶级革命家、政治家,是我国社会主义经济建设的开创者和奠基人之一,同时他也是一名优秀的工人运动领袖。他曾在1948年到1953年期间当选中华全国总工会主席,在商务印书馆当店员期间领导和组织了商务印书馆大罢工。陈云关于工人运动的认识和实践是中国共产党领导的工人运动的重要组成部分,对中共的革命斗争具有重要意义。

陈云幼年孤苦,二岁失怙,四岁丧母,跟随舅父舅母生活,家境贫寒,几经辍学。幸得遇到恩师张行恭,推荐他到商务印书馆当学徒,从而改变了他一生的命运。在商务印书馆当学徒期间,陈云勤奋刻苦,务实认真,很快成为业务能手,转为正式店员。工作之余他还利用商务印书馆图书丰富的有利条件,阅读大量的进步书籍,参加商务印书馆设立的上海图书学校,学英文、图书分类和书刊出版印刷相关知识。商务印书馆文化浓厚,这也让陈云经常接触社会上流行的思想主张和政治观点,他逐渐了解了三民主义、马克思列宁主义。在商务印书馆学习、工作的这七年,陈云一步步投身于革命浪潮之中,加入中国共产党,成为了一名坚定的无产阶级革命者。

20世纪20年代初正值中华民族风雨飘摇的年代，中国处于帝国主义和北洋军阀的双重黑暗统治之下，革命形势一触即发。陈云受革命潮流影响，积极参加罢工斗争实践，投身工农运动。同时，为了领导好、组织好工人运动，他刻苦阅读革命进步书籍，不断增强自身理论水平。在这些要素的综合作用下，陈云决定加入中国共产党。可以说，这一时期陈云的工人运动实践是促成他走上革命道路的重要因素。

一、陈云领导商务印书馆大罢工

陈云进入商务印书馆后克勤克己，积极上进，很快成为青年之友，正如陈云自己所说："在青年店员中对我平常的品行的印象很好，有信仰与号召力的人。"[1]因此，在后来组织罢工时，陈云脱颖而出，成为商务印书馆罢工的领导者和组织者。这场罢工发生于1925年8月20日，历时六天，最终取得了胜利，成为早期中国共产党领导上海工人运动的重要组成部分。

（一）领导大罢工的历史背景

上海工人运动的发展体现了上海无产阶级队伍的壮大，当时，上海已经成为了全国最大的工业城市，工人多达80余万。这里的工人深受帝国主义、封建主义和国内资本主义的三重压迫，日本和英国纷纷利用不平等条约在此开设工厂，勾结国内资本家、军

---

[1] 《陈云传》（一），中央文献出版社2015年版，第20页。

阀政府残酷剥削工人。其中,日本在上海开设了30所纺织厂,资本最为雄厚、剥削最为严重的内外棉株式会社就占11个,日本人让"工人分日夜二班,每班工作十二小时,女工和童工每天平均工资不过一毛多钱。食宿条件极坏"①。1925年5月15日,日本"内外棉"七厂工人在向资本家抗议其无故关闭纱厂时,遭到日本人血腥镇压,工人顾正红被枪杀,十余人受伤,此事在上海引起轩然大波。5月30日,上海工人和学生会合在南京路举行声援纱厂工人的示威游行,高喊"打倒帝国主义",英国巡捕大批出动,逢人便打,并向工人学生发射排枪,打死十多人,制造了震惊中外的五卅惨案。

6月1日,由中国共产党领导的上海总工会成立,成立当天发表了反对帝国主义的总罢工宣言。随后,全国学生总会和上海学生联合会、上海总商会和各马路商界联合会共同组织工商学联合会,宣布总罢课和总罢市,上海各阶层人民的反帝爱国斗争达到了高峰,在全国各大城市引起强烈反响,还获取了国际舆论的声援。6月2日,商务印书馆总公司宣布全馆停业至4日,以示抗议帝国主义制造的五卅惨案,并对死难同胞"藉表哀忱"。②6月3日,《公理日报》创刊,对外宣称以上海学术团体对外联合会主编,实则是商务印书馆编译所郑振铎、沈雁冰、王伯祥等人编辑发行的。《公理日报》揭露了上海各报纸不敢报道五卅惨案的真相,大大支援了五卅运动。《公理日报》创刊时得到商务印书馆当权者的暗中

---

① 茅盾:《五卅运动与商务印书馆罢工回忆录》,《新文学史料》1980年第2期。
② 《陈云年谱》(修订本)上卷,中央文献出版社2015年版,第19页。

支持，但商务却不肯承印此报，最终《公理日报》因为经费不足且承印报纸的小印刷所受到压力不肯再印而停刊了。

在五卅运动中，陈云与商务印书馆其他职员一起参加了罢市和游行，还积极参加了募捐、义卖《公理日报》等活动。这是陈云第一次真正参加工人运动，他深刻感受到了工人的磅礴力量，为之后领导组织商务印书馆大罢工奠定了基础。

6月26日，上海总商会、工商学联合会和公共租界纳税华人会联合发表宣言，结束上海总罢市，上海的反帝运动开始低落。随后，各厂工人争得资本家接受部分要求后陆续复工，五卅运动落幕。在这一运动中，帝国主义、军阀势力、买办阶级、民族资本家的本质进一步暴露，中国共产党人加深了对他们的认识，为做好以后的反帝统一战线工作积累了经验。[①]五卅运动结束后，帝国主义加大了对上海工人运动的镇压，中国共产党为了保存实力，让工人们结束罢工，工人运动转为局部经济斗争，商务印书馆成为共产党人活动的重要场所之一。

商务印书馆创建于1897年，是一家集编辑、印刷、发行为一体的出版企业。商务印书馆有着很好的工人基础，工人文化素质高，是一支有觉悟、有文化、有组织纪律性、有战斗力的产业工人大军。早在1916年到1917年间，工人就组织过"集成同志社"，领导反对资方变相扣减工钱的罢工。1921年中国共产党成立后，商务印书馆成为共产党人的秘密联络点。1921年到1926年期间，

---

① 参见茅盾：《五卅运动与商务印书馆罢工回忆录》，《新文学史料》1980年第2期。

秘密党员沈雁冰利用在商务印书馆当刊物编辑的合法身份和联系广泛的有利条件，担任了中央联络员，负责全国各地方党组织与中央的联系工作，各地报告多通过"商务印书馆编译所沈雁冰先生转钟英（中央）小姐收"的方式寄给他。

中国共产党也把商务印书馆列为优先发动、组织和领导城市工人运动的重要据点。中共成立后，派遣徐梅坤与沈雁冰一起在商务印书馆印刷工人中发展党、团员，筹建工会。1921年到1927年，商务印书馆的共产党员、共青团员发展到近200名，陈云后来谈起自己在商务印书馆的工作时，也颇感自豪地说："商务党、团、工会组织阵容之强，党、团员人数之多，在上海各产业中居于首位。"[1]

在五卅运动的影响下，在共产党人的领导组织下，商务印书馆的印刷工人开始筹建自己的工会。6月21日，印刷所五六百工人在虬江路广舞台召开大会，宣布成立了商务印书馆工会，商务印书馆工会包括商务印书馆总务处和发行、印刷、编译三所。商务印书馆工会的成立为商务印书馆大罢工准备了条件，商务印书馆内的部分职员和学徒受到上海邮务工人为增加工资罢工三天取得胜利一事的鼓舞，在工会的宣传与联络下，开始酝酿举行罢工，陈云积极参与到这次罢工斗争中，第一次领导和组织了工人运动实践。

（二）领导组织罢工的过程

商务印书馆大罢工首先是由发行所发动而印刷所立即响应

---

[1] 周武：《中共创建中，商务印书馆扮演了什么角色——周武研究员在上海社会科学院历史所成立60周年学术研讨会上的演讲》，商务印书馆官网2016年8月31日。

的。8月上旬,陈云、章郁庵等发行所虹口分店的积极分子"连开三次秘密会议"①,来应对商务当局裁减职员的动议,试图联合"三所一处"之低薪职工酝酿罢工事宜以向资本家提出增加工资、承认工会的要求。

五卅运动后,为了加强对商务印书馆工人运动斗争的组织和领导,中共中央、中共上海区委成立了以共产党员、上海印刷工人联合会委员长徐梅坤为书记的罢工临时党团。8月20日晚,陈云参加了临时党团以"五卅宣传队"名义召集的秘密会议。会议在上海天通庵路德兴里三民学校举行,馆内发行所、印刷所、编译所、总务处的40多名工人运动积极分子与会。会议主要研究了此次罢工的策略,讨论了有组织、有领导地进行罢工的方法和步骤。②虽然发行所是密议罢工的,但是商务当局仍然获取了这一信息。于是8月21日,馆方在发行所出了一公告,希望大家可以与商务印书馆休戚相关,并承诺给大家加薪一成。职工对此仍然不满意,当天晚上在天通庵路三民学校开会讨论,因军警干涉,临时易地数次,最后在青云路上海大学附属中学开会,到168人。会议至22日凌晨结束,决议罢工,提出复工条件12项、职工会章程草案、罢工宣言等,并选临时委员15人,有廖陈云(委员长)、赵耀全、章郁庵、徐新之、孙琨瑜等。罢工就此开始了,这是22日的事。③

作为这次罢工的组织者和领导者之一,陈云在罢工前精心做好了各种准备。据当时同为发行所职工的陈竹平回忆说:"他和商

---

① 《陈云传》(一),中央文献出版社2015年版,第27页。
② 参见《陈云年谱》(修订本)上卷,中央文献出版社2015年版,第21页。
③ 茅盾:《五卅运动与商务印书馆罢工回忆录》,《新文学史料》1980年第2期。

务印书馆的几位先进职工,在宿舍里讨论罢工计划,拟定向资本家斗争的具体要求,天天开会研究到深夜。""陈云白天照常工作,晚上开会和准备罢工的各项事务。他精神抖擞,三天三夜没有睡觉,将罢工组织得有条有理,一切都在有秩序地进行。从这里,我体会到了陈云对革命工作的勇敢和机智、坚毅和踏实。""在罢工的前夕晚上,陈云又开会到深夜12点钟,他组织好了纠察队,连夜派人到河南中路发行所,将大门及各部门办公室的钥匙、工人们上下班的记录卡片都掌握在手中。第二天我们去上班时,只见前后门都有纠察队把守。我们进去后,只见四楼的饭厅早已布置成了一个庄严的会场,每个到会者都分到一份油印的'罢工宣言'和对资本家提出的各项条件的资料。"①

8月22日上午,陈云召集发行所400余名职工到四楼食堂开会。会上宣布了罢工原因:薪水太薄、工作时间太长、待遇不平等等,会议一致通过要求馆方承认工会和改善待遇的12项复工条件,宣布商务印书馆发行所职工会成立,通过了职工会章程,推举陈云为职工会委员长。这天中午,陈云与发行所职工代表徐新之、恽雨棠等前往宝山路印刷总厂院内同印刷所联系相互配合问题。随后,印刷所工人响应罢工,关闭了印刷总厂的大门。接着,总务处职工也参与罢工。当天晚上,发行所职工会、印刷所工会、总务处同人会在位于印刷总厂对面的东方图书馆底层的同人俱乐部开会,宣布联合行动,成立了罢工执行委员会,陈云被推选为委员长。

---

① 陈云故居暨青浦革命历史纪念馆编:《走进陈云——口述历史馆藏资料辑录》,中央文献出版社2008年版,第10页。

8月23日下午,罢工职工4000多人在东方图书馆俱乐部前面的广场上召开大会,陈云担任大会主席,通过了罢工执行委员会提出的若干复工条件。24日,编译所职工一致决议参加罢工。当天下午,"三所一处"罢工职工代表召开联席会议,综合了编译所、印刷所、发行所、总务处四方面的意见,由沈雁冰执笔拟定了与馆方正式谈判的复工条件。由于馆方坚持先复工再谈判,使得第一次谈判破裂。

25日,"三所一处"罢工职工代表开会,决定在联席会议基础上建立罢工中央执行委员会,作为指挥罢工的最高权力机关。26日,职工代表与馆方再次谈判,但馆方没有接受承认工会这个主要条件,此次谈判依然失败。26日下午,罢工中央执行委员会召开全体职工大会,告知了职工失败的谈判结果,通报了中华全国学生联合总会和上海市学生联合会向商务印书馆提出的抗议,表示如果不接受关于复工的若干条件,将会号召全国停止使用该馆出版的教科书。大会号召继续保持良好的秩序,加强团结,坚持到底,不达目的,誓不复工。27日,在罢工进行六天之后,罢工中央执行委员会与馆方进行了第三次谈判。由于各地学校开学在即,需要课本,这是资本家获取利润的最关键时间,如果继续罢工,损失会很大,因此馆方作出让步,达成了协议。协议规定的复工条件主要是:同意成立工会,增加工资,女工生产前后可以休假,不因罢工开除职工且薪水照发,等等。28日上午,商务印书馆全体职工在东方图书馆广场集会,沈雁冰代表罢工中央执行委员会报告了谈判经过,到会职工一致同意复工条件。随即,罢工中央执行委员会解散,"三所一处"陆续复工,这场罢工大斗争胜利落幕。

在产生统一领导全馆罢工的组织机构后,作为发行所职工会委员长的陈云,主要负责发行所职工的组织和宣传工作。在罢工期间,每天上午发行所都要召开全体职工大会,由陈云主持,报告劳资双方谈判情况,提醒大家提高警惕,加强团结,防止有人破坏罢工。这一年陈云才刚刚20岁,他已经经历了革命运动的洗礼,充分展现了其冷静睿智、善于因势利导的种种才干,他在发行所职工中的威信和号召力以及在罢工中的优秀组织能力,让他成为了党组织发展的重要对象。

(三)领导组织罢工的影响

商务印书馆罢工胜利之后,工会在职工中的威信空前提高,而这也给了上海职工很大的启发和鼓舞,工人阶级的气势空前磅礴,大家认识到,只要组织和团结起来,就能争取到符合自身的利益。此后,共产党领导的上海工人运动有了新的发展。陈云根据党的指示,运用自己领导商务印书馆罢工的经验,领导了中华书局、洗衣业、药业、南货业、四大公司(先施、永安、新新、丽华)等的罢工斗争。[①]

对于陈云自身来说,此次罢工让他收获匪浅,其中一个对他很重要的影响就是"接近了党"。1925年八九月期间,董亦湘、恽雨棠介绍陈云加入了中国共产党,这意味着陈云思想的巨大改变,从此,陈云始终坚持共产党人的初心,为共产主义事业和新中国的成立及发展壮大贡献了自己所有的力量。

[①] 参见陈云故居暨青浦革命历史纪念馆编:《走进陈云——口述历史馆藏资料辑录》,中央文献出版社2008年版,第13页。

陈云后来回忆入党经过时，在自传中写道："入党动机显然由于罢工运动和阶级斗争之影响。此时看了《马克思主义浅说》《资本制度浅说》，至于《共产主义 ABC》还看不懂。这些书看来它的道理比三民主义更好。罢工斗争和看了两本书就加入了党，但是我自觉入党时经过考虑，而且入党以后，自己觉得此身已非昔比，今后不是做'成家立业'的一套，而要专干革命，这个人生观上的改革，对于我以后有极大的帮助。"①

9月1日，商务印书馆发行所职工召开全体大会，正式成立职工会，陈云继续担任职工会委员长。随着上海工人运动的发展，中央加强了对商务印书馆党支部的建设力度。1925年以后，商务印书馆党的力量进一步壮大，成立了党总支部，1926年发行所单独成立了党支部，支部书记是徐新之，"四一二"政变后由陈云接任，同时他还兼任总支部干事。在上海的革命浪潮席卷下，陈云领导了一次又一次的职工运动，同时增强了革命知识储备，让理论与实践结合起来，陈云的思想觉悟和理论水平大大提高。

二、陈云早期的工人运动思想

1925年，发行所职工会在陈云等职工会领导的组织下，发行出版了《职工》月刊。《职工》月刊11月20日创刊，共出版了十多期，终刊日期不详。②在《职工》月刊上，陈云用"民""怀""怀民"

---

① 《陈云年谱》（修订本）上卷，中央文献出版社2015年版，第25页。
② 参见陆米强、王美娣：《新发现陈云在上海早期革命活动中撰写的几篇文章》，《上海党史研究》2000年第3期。

等笔名撰写了多篇革命宣传文章。这些文章论述了工人的社会地位、工人运动的重要性、组织工会的意义以及中国民族运动的革命道路等,是陈云在参加工人运动实践之后的经验总结,比较全面地表现了陈云这一时期的工人运动思想。

(一)充分肯定工人阶级的社会地位

1925年11月,陈云在《职工》上发表了《职工在现社会的地位》。这篇文章指出:欧美工人已取得相当地位,而中国工人阶级没有集会、结社、言论、出版的权利,深受几重压迫,满腔苦痛无处诉。最近几年,中国工人运动比较急进了,尤其是五卅运动。工人阶级成为领导群众向帝国主义不折不挠进攻的民族革命先锋队。中国工人阶级肩负着两大责任:第一,必须联络各阶级起来,作民族革命。第二,解放在水深火热中的自己,要继续不断地奋斗,争到最后胜利。但这二大责任,空口谈兵,是办不了的,只有"大家集中一个团体,作共同有组织的奋斗,才有成功的可能"。①

陈云认为,中国的工人阶级遭受几重压迫,不仅受到国内资产阶级的压迫,还要承受帝国主义的剥削迫害,处于水深火热之中。当下,工人阶级要想改变这种命运就必须自己斗争,反抗资产阶级专政。因为工人受压迫最重,所以革命性很强,工人阶级是民族革命的先锋队。

(二)工人阶级必须团结组织起来进行斗争

商务印书馆大罢工之后,上海总工会被奉系军阀当局查封,商务印书馆"三所一处"各工会以馆工会名义发表了反对查封上

---

① 《陈云年谱》(修订本)上卷,中央文献出版社2015年版,第27页。

海总工会的宣言。10月,商务印书馆印刷所工会被军阀孙传芳当局派警查抄。陈云在《职工》创刊号发表的另一篇文章《总工会是什么》,分析了上海总工会被军阀查封的原因,指出了工人蕴藏着巨大力量。

文章指出:总工会代表工人一切利益,领导工人阶级向帝国主义进攻,完成急需的民族革命。它所处的地位是与帝国主义对峙的。国内资产阶级一方面为他们自己的利益,想借工人这支生力军来反抗帝国主义;一方面又害怕工人的势力太大,不能保持他们的剥削手段,有去此障碍的必要。所以,总工会被封是意中之事。工人运动虽处处受摧残,但没有涣散,现在的工人代表会正可以表现出工人势力的集中。日日增加,不会被消灭的。①

陈云发表在《职工》月刊的第三篇文章《罢工后职工应有的觉悟》是为了总结商务印书馆第二次罢工斗争经验的。第一次罢工胜利后,工会在职工中的威信空前提高,成为资本家的眼中钉。12月中旬,商务印书馆资本家违反了8月27日与职工会签订的复工条件,无故解雇近百名职工,目的在于"试验工会的力量"。工会与馆方多次交涉无效,于是开始酝酿第二次罢工。12月22日至25日,发行所和印刷所掀起了第二次大罢工。这次罢工陈云依然参与组织和领导,代表罢工委员会向商务印书馆提出复工条件。这次罢工遭遇了资方和军队的联合镇压,许多工人受伤,但是他们依旧英勇抗争,最终取得了胜利。

---

① 参见《陈云年谱》(修订本)上卷,中央文献出版社2015年版,第26—27页。

文章指出：职工会是为全体职工的利益而奋斗的，我们绝对不能受资本家和工贼的拉拢，要绝对地集合在职工会指挥之下作整个的奋斗，谋求工人阶级的利益，才有胜利的可能。陈云认为，工人阶级蕴藏着巨大的能量，在工会的带领下组织团结起来就会组成一支威猛的生力军，与资产阶级和帝国主义对抗。

（三）中国民族运动的革命道路

1926年革命形势风起云涌，北洋军阀混战连连，已经处于崩溃的前夕，南方国共两党合作，组成统一战线。7月9日，国民革命军正式出师北伐，北伐战争就此拉开序幕。在此背景下，陈云在《职工》上发表了《中国民族运动之过去与将来》一文。文章指出：中国最近发展起来的民族运动已经不再是单纯的中国民族独立运动了，它的一切变化足以影响整个世界的形势。但是，具有世界性的中国民族运动，出路究竟在哪里，是值得研究的。文章在分析了太平天国、义和团运动、五四运动、五卅运动失败的原因后指出，没有强有力的、有组织的下层民众——工农的参加，革命是很难成功的。有组织、有力量的几十万工人，已经成为中国民族运动的先锋。资产阶级是靠不住的，他们是机会主义者。同时，工人感到自己的力量是孤单的，只有与中国民族运动的主力——农民结合起来，革命才会胜利。[①]

陈云在分析了当时中国国情与革命形势后，审时度势地提出要将农民、工人、学生、小商人及一切革命分子团结组织起来进行斗争，团结一切可以团结的力量。之后，陈云一直以此为目标，发

---

① 参见《陈云年谱》（修订本）上卷，中央文献出版社2015年版，第31—32页。

动和领导工人运动与农民运动,在革命浪潮中奋勇前行。

三、陈云工人运动思想的时代价值

陈云在早期工人运动实践中积累了丰富的工人运动经验和群众工作经验,是中国工人阶级理论的宝贵财富,至今仍具有重要指导意义。

(一)团结工人阶级、依靠工人阶级

陈云在领导商务大罢工时深入工人群众之中,动员职工参加罢工斗争。陈云深刻认识到工人的力量是巨大的,革命道路要想成功必须发动工人群众,开展工人运动,紧紧依靠工人阶级。今天,工人阶级已经成为我们的领导阶级,也是新时代坚持和发展中国特色社会主义的主力军。习近平总书记多次强调:我国工人阶级是我们党最坚实最可靠的阶级基础。我们必须全心全意依靠工人阶级,充分发挥出工人阶级的积极性、主动性、创造性。

(二)在党的领导下,工会积极发挥组织作用

陈云具备很强的党性观念,自1925年加入共产党后,便把毕生的精力献给了党和国家。工人运动期间,他组建工会领导工人开展罢工斗争,始终坚持把工人群众团结在党的周围,始终坚持在党的领导下开展斗争。

新时代工人队伍建设依然要紧紧跟随党组织的步伐,深入学习贯彻习近平总书记关于工人阶级特别是产业工人队伍建设的重要论述,切实增强推进产业工人队伍建设改革的责任感和使命感,增强政治自觉、思想自觉和行动自觉,团结引导亿万产业工人为

实现中华民族伟大复兴的中国梦努力奋斗。

（三）要创新做工人群众工作的方式方法

陈云善于分析形势，从而有针对性地做好工人群众工作。重视且善于做群众工作是我们党的优良传统，今天我们仍然要采取新方法新途径将工人群众紧紧团结在党的周围。需要积极把握新形势下工人群众工作的特点和规律，不断创新宣传方式，运用互联网媒体，造就一支有理想信念、懂技术创新、敢担当、讲奉献的产业工人队伍。

（作者单位：中共中央党史和文献研究院）

陈云在虹口的早期革命活动述略

王 洁

上海市虹口区曾被称为海派文化的发源地,先进文化的策源地,文化名人的集聚地。在民主革命时期,党的第四次全国代表大会在这里召开,党的重要机构在这里设立,党的重要领导人在这里活动。中国共产党第一代和第二代中央领导集体的重要成员陈云也在此留下了他工作、学习、斗争的足迹。

一、商务印书馆:在学习和实践中孕育初心

进入商务印书馆对陈云而言是人生的重大转折点。它是陈云走上社会的起点,也是他走上革命道路的起点。1925 年 1 月商务印书馆在上海北四川路增设虹口分店,陈云于同年 6 月份被转到商务印书馆虹口分店去当店员,直至 1927 年离开商务印书馆。他晚年回忆说:"从青浦到上海,这是我人生中间,非常重要的一段,这步迈出去以后,才有机会接触到共产党,才有这一生。"[①] 当时的

[①] 陈云故居暨青浦革命历史纪念馆编:《走近陈云——口述历史馆藏资料辑录》,中央文献出版社 2008 年版,第 9 页。

上海是中国乃至远东的繁华都市,既是中国的经济中心,也是思想文化中心,同时也是帝国主义列强在中国进行侵略和掠夺的中心。形形色色的社会力量和社会思潮都在这里交叉碰撞、纷纭激荡。而商务印书馆从原先一个以经营印刷业务为主的小手工业工场发展成为近代出版业的巨头和领头羊,对中国民营出版事业的建立和新教育新知识的启蒙起着无可替代的创始以及促进作用。王云五认为商务印书馆作为中国民营新出版业中最大最悠久者,"其功用在于文化之促进与教育之普及"。①除了上述自我期许之外,商务印书馆也有着"出版界之主要责任,原在顺应潮流,供给社会以适当之教育材料"②的认识。面对清末以来屡次社会、政治、文化变动,商务印书馆出版的书籍一直努力与社会文化、政治动向配合变化,不断更新,以确保其在市场上的优势地位。置身其中,陈云得以开阔视野、增进学识,确立初心,并且始终不渝。

(一)善于"挤"和"钻",具有坚忍不拔的学习毅力

陈云从小多次被迫辍学,切身体会过欲读不能、欲上不得的痛苦心情。因此,他特别渴望学习,特别珍惜来之不易的学习机会。尽管商务印书馆学徒每天工作 12 小时,但陈云在疲惫之余充分利用这里得天独厚的文化环境与思想氛围如饥似渴地学习,常常读书到深夜。他还参加商务印书馆为职员兴办的上海图书学校进修班,学习英文、图书分类知识以及书刊出版、印刷的有关知识;常到进步文化人应修人、楼适夷创办的上海通信图书馆去读

---

① 庄俞、贺圣鼐编:《最近三十五年之中国教育》,商务印书馆1931年版,第1页。
② 同上书,第8页。

书,接触到了诸如《共产党宣言》《辩证唯物论》《唯物史观》等马克思主义书籍和其他进步书籍。曾与陈云一起工作一起住宿的陈竹平回忆说:"每天清晨,天还没亮他就起身读书、写字、学英文;晚上下班后,回到宿舍也是读书写字到深夜,成年累月从未间断过。"①陈云在商务印书馆总店和虹口分店期间的勤奋刻苦读书,提升了理论素养,为他以后的革命生涯打下了坚实的知识基础。作为中国近现代企业的典范,商务印书馆也以其特殊的经营方式和管理模式使陈云对经济知识与管理工作的认识跨入了一个新阶段,为他以后担任共和国的红色掌柜、主持全国财政经济工作打下了初步基础。后来陈云回忆说:"我应该说在商务时期,对我在文化上的得益很大,全部'童话'、'旧小说'、'少年丛书'都看了,有时也可翻翻杂志。同时我自信也是很用功的一个人,练字,上夜校(商务办的),读英文。"②在陈云的一生中,无论斗争环境多么险恶,无论工作多么繁忙,他都始终坚持学习。所以毛泽东表扬陈云说,有"挤的精神""能挤出时间学习和开会"。③陈云在延安时期提出的"学习是共产党员的责任""从我做起,从现在做起",以及组建学习小组、晚年组织家庭学习小组都是他学习永不停止的见证。

(二)参与和领导工人运动,形成坚强不屈的意志品质

童年和少年时代的苦难经历,造就了陈云吃苦耐劳、注重实

---

① 陈云故居暨青浦革命历史纪念馆编:《走近陈云——口述历史馆藏资料辑录》,中央文献出版社2008年版,第8页。
② 《陈云传》(一),中央文献出版社2015年版,第20页。
③ 《毛泽东文集》第2卷,人民出版社1993年版,第181页。

干的品质，也形成了做事有头脑有主见，沉着稳健的内敛性格。陈云在自传中曾回忆："当时商务发行所的主任和高级职员认为我是克勤克俭而求上进的一人，在他们心目中我将来在商务很可被他们看中的一个……在青年店员中对我平常的品行的印象很好，有信仰与号召力的人。"①

1925年，震惊中外的五卅惨案在上海发生，全国人民反帝反封建的革命热情空前高涨。商务印书馆的广大职工也投身到声势浩大的运动浪潮之中。陈云和广大职工一起走上街头，举行罢工和示威游行，散发传单，利用业余时间到街上叫卖商务编译所几名编辑主编的《公理日报》。在亲身经历的这场运动过程中，陈云目睹了帝国主义的残暴，真切感受到人民群众中蕴藏着的伟大能量。五卅运动大潮的洗礼，无疑对他有重要启蒙意义。陈云后来总结说："我对于职工运动及党的组织工作最有兴趣。"② 五卅运动对商务印书馆的影响是巨大而深刻的。它直接导致之后商务员工爆发大罢工，要求组织工会、改善待遇。在罢工斗争中，年轻的陈云第一次得到参与领导和组织工人运动的实际锻炼。8月23日下午，商务印书馆参加罢工的4000名职工集会，宣布复工条件，20岁的陈云作为大会主席在会上作了发言。在组成的临时党团组织中，陈云被推选为发行所职工会执行委员会委员长。又担任了商务印书馆临时罢工委员会的委员长。陈云每天都要主持发行所职工大会，通报罢工的进展和劳资双方谈判的情

---

① 《陈云传》（一），中央文献出版社2015年版，第20页。
② 同上书，第25页。

况,鼓励职工们坚持斗争,不达目的决不复工。在组织罢工期间,陈云经常启发大伙:罢工的目的不单是为了工资福利,还是为了永远摆脱资本家的剥削和压迫。由于陈云的精心组织和工人的紧密团结,加上陈云等一批骨干所发挥的积极作用,到27日,资本家被迫全部接受工人提出的复工条件,罢工取得了胜利。陈云在罢工斗争中表现出的坚定的革命意志和出色的组织宣传才干,引起了商务印书馆党组织的高度重视。这年年底,资本家违反劳资双方的协议,报复性地开除发行所和印刷所17名工人,工会几次交涉无果,于是组织了第二次罢工。陈云依然参与领导,代表罢工委员会向馆方提出复工条件。尽管这次罢工遭到淞沪戒严司令部的武装干涉和工贼的分化破坏,最后还是取得了胜利。革命斗争实践和磨砺使得陈云锻造了逢难不怕、遇险不畏、处变不惊的意志品质。

(三)加入中国共产党,实现人生的蝶变

随着陈云对马克思主义的深入学习,对工人阶级力量认识的加深,以及通过反复比较各种主义,逐渐确立了马克思主义的坚定信仰。1925年八九月间,陈云经董亦湘、恽雨棠的介绍加入了中国共产党。在此之前,陈云还曾"很赞成吴佩孚,后又很相信国家主义派是'外抗强权,内除国贼'",五卅运动前后,陈云从商务印书馆的国民党党员那里接触到三民主义,"觉得孙中山的道理'蛮多'"。[①] 他不断追求真理,最终选择了马克思主义。陈云在晚年回忆说:"我自觉入党时经过考虑,而且入党以后,自己

---

① 《陈云传》(一),中央文献出版社2015年版,第23页。

觉得此身已非昔比,今后不是做'成家立业'的一套,而要专干革命。"① "必须要改造社会,才能解放人类"——人生观的这种根本性转变,标志着陈云由一个好学、上进的店员,开始成长为一名思想坚定的无产阶级革命者,而且始终初心不改,为中国人民的解放事业和社会主义事业奋斗了整整70年,贡献了毕生的心血。

二、参加和领导了上海工人三次武装起义

加入中国共产党不久,陈云担任了中共商务总支部干事兼发行所分支部书记、发行所职工会党团书记。他积极发展壮大组织力量,在商务印书馆期间,陈云先后介绍陈公庆、张贞祥、曹修纲、吴志青、毕保思、孙诗圃、俞继棠7人入党。②在党团组织的领导下,商务的党员人数逐渐增多,工会组织发展尤其迅猛。据统计,到1927年,商务印书馆有共产党员、共青团员近200名。

1926年10月至1927年3月,上海工人阶级为了配合北伐军进军,推翻北洋军阀的反动统治,发动了三次武装起义。陈云作为基层工会的领导者,积极组织工人,在1926年10月以及1927年2月的两次武装起义中,不管是在上海的商务印书馆虹口分店或是外省市,始终与商务职工保持密切联系。根据党的指示,陈云又先后领导了中华书局、估衣业、药业、南货业、四大公司(先施、永安、新新、丽华)等系统的罢工斗争。在这些罢工斗争中,陈云

---

① 《陈云传》(一),中央文献出版社2015年版,第36页。
② 参见《陈云年谱》(修订本)上卷,中央文献出版社2015年版,第29页。

常常提这样一个口号:"铁窗风味,家常便饭。杀头枪毙,告老还乡。"① 显示了他大无畏的革命精神。因为准备不充分,两次起义均以失败告终。

第三次武装起义以周恩来为总指挥。陈云等人接到通知也从余姚返回上海。商务印书馆工人纠察队是闸北工人纠察队的骨干力量,周恩来、陈云等人高度重视这次起义的准备工作。为确保万无一失,周恩来、赵世炎等人多次在徐梅坤、陈云、章郁庵的陪同下,查看周边地形,商讨起义方案。1927年3月21日中午12点,上海总工会决定发动全市总同盟罢工,上海南市、虹口、浦东、吴淞、沪西、沪东、闸北7个地区统一行动,举行武装起义。周恩来亲自在商务印书馆职工医院内指挥战斗。陈云受上海总工会的派遣,同中国共产党代表一起来到龙华,赴白崇禧的驻地进行谈判,请求支援起义。尽管白崇禧执行蒋介石的命令,拒绝出兵支援,但是第三次武装起义还是取得了胜利。

在这次武装起义中,周恩来和陈云相识相交,周恩来的机智、儒雅、谦虚的品格让陈云发自内心的敬佩,而陈云的干练、机警、好学也使周恩来打心眼里欣赏他,开启了两人长达半个世纪的友谊。

三、拉摩斯公寓:陈云与鲁迅的初次见面

鲁迅是新文化的旗手、左翼文化运动的领袖。毛泽东在《新

---

① 《陈云传》(一),中央文献出版社2015年版,第51页。

民主主义论》中高度评价:"鲁迅的骨头是最硬的,他没有丝毫的奴颜和媚骨。"①鲁迅生前也在文章中公开表示要站在"毛泽东先生们"一边,宣称自己"即使怎样不行",被"毛泽东们""引为同志,是自以为光荣的"。鲁迅生命的最后十年是在虹口度过的,鲁迅最具战斗性的杂文创作地也主要在虹口。

陈云一生极为敬佩鲁迅先生,他也是我们党第一代中央领导集体中唯一见过鲁迅的人。陈云尤其欣赏鲁迅"横眉冷对千夫指,俯首甘为孺子牛"这两句诗。两人见面的地址就是鲁迅在虹口的第二个住处——拉摩斯公寓,现位于四川北路2079—2099号的北川公寓。1932年12月,上海正值国民党白色恐怖最盛时期,陈云接到一个特殊任务,前往鲁迅先生家转移中共领导人瞿秋白及其夫人,匆匆与鲁迅先生见过一面。瞿秋白被鲁迅视为知己,曾四次到鲁迅家避难。在那样的血雨腥风中,鲁迅先生不顾个人安危,把共产党的主要领导收留在家中半个月之久,令陈云十分感慨。1936年10月,陈云听到鲁迅先生溘然长逝的消息,在莫斯科以"史平"为笔名,写了一篇题为《一个深晚》的悼念文章,记述了与鲁迅先生的那次会面,发表在中共在巴黎出版发行、从事海外抗日民族统一战线宣传的《救国时报》上。

虹口是一片充满红色记忆的土地,积淀了丰富的红色资源。伟人们的革命活动及其蕴含着的智慧、品德、思想是我们党极

---

① 《毛泽东选集》第2卷,人民出版社1991年版,第698页。

其宝贵的精神财富,是取之不尽的精神富矿。把红色资源利用好,把红色传统发扬好,把红色基因传承好,是我们义不容辞的责任。

(作者单位:中共上海市虹口区委党校)

谈张元济、商务印书馆与陈云

杨 剑

一、陈云入商务印书馆做学徒，初遇张元济

说到商务印书馆，我们肯定会提到张元济。张元济（1867—1959），字筱斋，号菊生，浙江海盐人，早年中进士，授翰林院庶吉士，后任总理各国事务衙门章京，力主革新，提倡向西方学习，抨击时弊，参与戊戌变法。维新失败后被革职，1899 年经李鸿章介绍受盛宣怀之聘，先后任南洋公学（上海交通大学前身）译书院主事、公学代总理。1902 年受夏瑞芳之邀，张元济加入商务印书馆，历任编译所所长、经理、监理、董事长等职。他主张"教育救国，启迪民智"，苦心孤诣，矢志不移。在他的主持下，商务印书馆由一个名不见经传的印刷所发展成为中国近现代史上历史最久、影响最大的文化事业机构，在长达半个多世纪的时间里，张元济一直是商务印书馆的灵魂与核心人物。

陈云，1905 年 6 月出生在上海青浦，有着多难的童年，从小失去父母，由舅父抚养，在家乡颜安小学敏而好学，自强不息，常常以"有志者事竟成"积极勉励自己，深受校长和老师器重。小学

毕业，面对生活上的困境，学校校长、老师一起设法安置陈云的生活，因为当时的商务印书馆是中国出版教育界人文荟萃的地方，能去商务印书馆一则可以解决生活问题，二则更能在其文化环境中继续学习，多看书，多接触新生事物。

1919年底，由老师张行恭带领，陈云去了商务印书馆。当时由于陈云才十四岁，个子也不高，许多老工人不愿意要他，事情传到了经理张元济那里，张元济很开明，当他得知陈云是个失学的孤儿后，毅然同意把陈云破例收留下来。学徒生活很艰苦，陈云开始在排字房工作，后来在发行所门市部中书部当店员，但他工作干劲很高，脚下常垫个小凳子做生意，在接待顾客时和气诚恳。当时的文具柜是国内独家经营文教用具的综合门市部，而且还经营国外进口的相机、钢笔等用品，这对年少的陈云来说也是从事经济工作的开始。此前，陈云在他舅父的小饭店里耳闻目睹的是简单商品生产的经济过程，此时看到的是大型企业更高级的商品生产、流通、销售等复杂经济过程。从简单到复杂，从事内容的专业性使陈云对经济知识与管理工作的认识跨入了一个新阶段。正是这一段宝贵的经历，使他具备了对现代社会经济活动和职工群众真实生活的深刻了解，为他后来主持全国财政经济工作打下了初步的基础。

陈云参加革命后也一直记着在关键时刻给过自己帮助的人，特别是在自己各方面因年幼而不够成熟与独立的时候那些关心、扶持、培养过自己的师长们，这里有让他走出家乡走进商务的老师、校长、前辈，以及改变他一生人生轨迹的张元济。

二、陈云参加技能培训培养，勤奋自学，踏实工作

叶圣陶曾说，"凡是在解放前进过学校的人，没有不受到商务的影响，没有不曾读过商务书刊的。"① 从某种意义上说，"商务版"国民教科书启蒙了整整一代人。在商务印书馆这个图书的宝库、知识的海洋中，文化氛围很浓，陈云充分利用有利时机，如饥似渴地学习。他常常记得高小张老师的临别赠言，要去上夜校，对提高自己有帮助。商务印书馆非常重视职工教育，在当时上海北火车站华兴路职员集体宿舍附近设立了上海图书学校，为员工业余教授英文、图书分类知识以及书刊出版、印刷的有关知识。陈云也参加了进修班的学习，内容有英文、练习大小楷毛笔字等。他白天忙工作与学习，8点上班，一直到晚上8点下班，但他仍然晚上坚持读书自学。时为商务印书馆发行所职工的陈竹平曾与陈云一起工作，一起住宿，他曾回忆说："每天清晨，天还没亮他（指陈云）就起身读书、写字、学英文；晚上下班后，回到宿舍也是读书写字到深夜，成年累月从未间断过。"② 在刻苦学习的过程中，只有高小学历的陈云在不断的培训和自学中提高着自身的文化修养，积累了大量知识，开拓了他的人生视野。

两年后，陈云由于素质过硬，业务能力强，提前一年学徒期满，转为商务印书馆正式店员。若干年后据陈云卫士谈起：陈云在回

---

① 金满楼：《出版巨子张元济的商务岁月》，《新金融观察报》2013年1月21日。
② 陈云故居暨青浦革命历史纪念馆编：《走近陈云——口述历史馆藏资料辑录》，中央文献出版社2008年版，第8页。

忆往事时,说到在商务印书馆做店员,当店员时学会了许多才艺,而他平时最引以为自豪的是打算盘。[①] 当时算盘非常重要,他可以做到两只手同时打算盘。当时在杭州玉泉公园茶室,陈云当即拿出算盘,双手同时演示,由此可见他在做店员时财务计算熟练,对工作精益求精的态度。他不仅严格要求自己,同时对伙伴们说:"一个青年人,生活态度和生活方式是否得当,对他的前途很有关系。"[②] 在商务印书馆的青年中,陈云一直勤奋学习,有着远大理想。

商务印书馆不仅是一个文化教育事业单位,也是一个生产商品、自负盈亏的经济单位。陈云在那里不仅学到了文化知识,也初步学会了怎样做经济工作。陈云在商务印书馆做学徒期间,商务主要管理人是张元济,虽然他出身翰林,做过京官,但没有一点官僚习气。以翰林身份而愿离开南洋公学屈居于一籍籍无名的小印刷厂,在很多人看来有些匪夷所思,但张元济却不这么认为。他曾与夏瑞芳说,"吾辈当以扶助教育为己任"[③],而出版业则是"教育救国"大业中不可或缺的重要一环。张元济的作风既务实稳健,又敢于创新,大胆开拓,始终保持了文化商人创业的艰苦砥砺精神,没有烟酒嗜好,唯好收藏辑校古籍。当时,商务馆每年印书要用 30 万令白纸、营业额上千万,但除正式的社交信件外,张元济几十年如一日地用纸边或背后空白的废纸写信拟稿。曾与之共

---

① 钟桂松、李刚、卜庆萍编:《陈云在浙江》,浙江人民出版社 2005 年版,第 22 页。
② 张远航、刘晴编:《陈云纪事(1905—1995)》,中央文献出版社 2011 年版,第 28 页。
③ 《张元济全集》第 4 卷,商务印书馆 2008 年版,第 392 页。

事的知名编辑章锡琛说:"(张元济)没有丝毫官僚习气,……每天总是早到迟退,躬亲细务,平时写张条子,都用裁下的废纸,一个信封也常常反复使用到三四次以上。"①这些给陈云影响很大,在生活中一个坎肩穿几十年,信封反复使用等等更是成了习惯。商务印书馆这种俭朴的作风对陈云日后掌管全国经济特别做到精打细算起到了积极的影响。

商务印书馆以整理出版古籍最为著名,陈云虽然对古籍没有深入的研究,但他对整理出版古籍的工作非常重视。20世纪80年代,我国古籍整理出版事业在面临经费缺乏、后继乏人的情况下,陈云对此专门下达指示,解决了古籍整理出版中的许多问题。商务印书馆对古籍的搜集整理出版,保护文化遗产的做法,他是亲身感受到的。

三、工人运动中,彰显陈云才能,菊老对罢工支持同情

陈云晚年曾回忆说:"从青浦到上海,这是我人生中间,非常重要的一段,这步迈出去以后,才有机会接触到共产党,才有这一生。"②1919年五四运动中,中国工人阶级作为独立的政治力量登上历史舞台并显示了力量。1921年,中国共产党自成立起就重视商务印书馆这个重要的文化阵地。中国共产党早期党员沈雁冰

---

① 章锡琛:《漫谈商务印书馆》,《商务印书馆九十年》,商务印书馆1987年版,第110页。

② 刘启芳:《陈云的感恩情怀》,《党史文汇》2013年第8期。

(茅盾)、杨贤江很早在这里开展活动。沈雁冰由商务印书馆北京分馆经理孙壮介绍给总经理张元济，入编译所，后任《小说月报》编辑、主编。沈雁冰作为党的秘密联络员，也重视商务印书馆工人的组织发动工作。陈云就在这个时候逐步走上了革命道路，随着年龄的增长和工作的不断开展，他也不断接收新思想，更清楚地认识到自己的命运和前途是与整个国家的命运和前途联系在一起的，个人要自由与幸福，首先国家要独立和自强。

1925年2月起，上海22家日商纱厂近4万名工人为反对日本资本家打人和无理开除工人，要求增加工资而先后举行罢工。5月30日，上海工人、学生分头在公共租界各马路散发传单、进行演讲、示威游行，揭露日方资本家的罪行，上海发生了军警枪杀中国民众事件，从而爆发了反帝反封建的五卅爱国运动。商务印书馆的工人也参加了这场大罢工，陈云积极投身到轰轰烈烈的反帝爱国运动中，他不辞辛苦，日夜奔走。陈云和商务印书馆的青年职工除了参加罢工和示威游行外，还参与发行商务印书馆编译所郑振铎等人编印的《公理日报》的活动，和工友们大街小巷叫卖，向市民报道五卅惨案真相，声讨帝国主义的血腥罪行。商务印书馆领导层受到爱国热情影响，张元济、高梦旦、王云五等各捐助100元。经过一个多月的斗争，罢工取得了胜利。张元济此时是商务印书馆的资方代理人，张元济认为这些领导罢工的人是为了爱国，因此特意交代负责考勤的部门不要为难他们。商务职工罢工以后，由于管理高层内部意见出现分歧，1925年底张元济提出辞去监理一职。1926年4月，张元济再次登报公开辞去监理行政职务，在当时文化界引起轰动。8月5日，张元济被推为商务印书馆董事长。在不问行政事务的十年中,张元济潜心于古籍的编纂、校勘、印刷,《四部丛刊》续编、三编,《百衲本二十四史》等典籍相继在抗战前完成编纂出版。

五卅运动的洗礼,对陈云具有重要的启蒙意义。陈云曾回忆:"当时商务发行所的主任和高级职员认为我是克勤克俭(只穿布鞋布袜)而求上进的一人,在他们心目中我将来在商务很可能被他们看中的一个。但罢工一起,居然为罢工委员长,他们就完全出乎意外。而在青年店员中对我平常的品行的印象很好,有信仰与号召力的人。"[1] 通过组织和领导商务印书馆工人罢工的革命实践,陈云坚定了共产主义的信仰。1925年八九月间,陈云在商务印书馆第一任党支部书记、编译所编辑董亦湘和党员恽雨棠介绍下光荣加入了中国共产党。陈云谈到入党动机时说:"那时确了解了必须要改造社会,才能解放人类。这个思想对于我影响很大"。[2]

在五卅运动和领导商务印书馆的两次罢工中,陈云经受了革命斗争的考验,同时也表现出了他对工人阶级事业的忠诚和杰出的组织领导才能。1925年5月,商务印书馆成立党总支。陈云入党后不久被任命为发行所分支部书记、发行所职工会党团书记兼商务印书馆总支部干事。1927年周恩来领导的上海工人第三次武装起义,总指挥部就设在商务印书馆。陈云和其他同志积极参与武装起义的各项准备工作。大革命失败后,商务工会的党员都被

---

[1] 余薇:《陈云领导商务印书馆工人运动》,《百年潮》2019年第9期,第36—39页。

[2] 张远航、刘晴编:《陈云纪事(1905—1995)》,中央文献出版社2011年版,第38页。

国民党列入黑名单,受到监视和通缉,陈云也不得不转移,离开生活、学习、工作、战斗多年的商务印书馆后,转入秘密状态,开始了职业革命家的生涯。作为一名爱国人士,张元济一直以开明的态度和进步的立场对待工人运动,并在陈云从工人运动到转为从事地下斗争均给予了许多的方便和关照。

四、解放后,陈云关心菊老,关心商务公私合营

商务印书馆给陈云以多方面的重大影响,陈云也一直关心着商务印书馆的发展。东北解放以后,陈云曾分别视察过商务印书馆在长春、沈阳的分馆。在沈阳分馆,陈云向分馆负责人关心地询问上海总馆部主任一级的负责人有哪些,并提出一些人的名字,询问他们是不是还在总馆工作。他还说,在上海商务印书馆领导一个部门的工作不容易,非有相当的经验不行。上海解放后,陈云趁去上海开会之便,还抽空特意去到河南中路商务印书馆上海总发行所看望了张子宏等老师傅、老同事。1949年8月5日下午,他专门拜访张元济时说,自己不久前在东北工作,看到沈阳、长春这两个商务分馆各方面都很好。请放心![1] 陈云还介绍了中国共产党在新民主主义时期的经济政策,邀请张元济从政,为新中国建设贡献力量。张元济十分感动,改变了他自参加维新变法失败后不再参与政治的处世方式,参加了政治协商会议,积极参政议

---

[1] 参见张人凤、柳和城编:《张元济年谱长编》下卷,上海交通大学出版社2011年版,第1327—1328页。

政，建言献策。

在开国大典后的第二天，陈云特地去六国饭店看望张元济，很有感情地聊起在商务印书馆工作时的情景，话题涉及广泛，让张元济父子感觉新鲜和温暖。陈云对张元济的哲嗣张树年说："你小时候，我在商务发行所店堂内，常见到你，那时你才六七岁吧。"①张元济在解放后由毛泽东主席亲自签署担任华东军政委员会委员、华东行政委员会委员；由毛泽东主席提名，陈毅市长任命，担任上海第一任文史馆长，为新中国成立后文化出版事业的发展作出了很大贡献。

公私合营后，商务印书馆的招牌没有变，就是遵照陈云的意见，作为特殊单位特别对待的。陈云曾对商务印书馆工会主席石敏良说："商务印书馆申请公私合营，我看是够条件的"，"商务印书馆五个字，公私合营时要保留。将来即使进入国营，这块招牌也不能丢"。②1982年2月7日，在商务印书馆建立85周年之际，陈云题词："商务印书馆是我在那里当过学徒、店员，也进行过阶级斗争的地方。应该说，商务印书馆在解放前是中国的一个很重要的文化教育事业单位。"③

五、为海盐张元济图书馆题写馆名

胡适评论张元济"是富于新思想的旧学家，也是能实践新道

---

① 张树年：《我的父亲张元济》，东方出版中心1997年版，第201页。
② 田雨、王蕾：《陈云："商务印书馆"五个字要保留》，《党史博览》2014年9月。
③ 张远航、刘晴编：《陈云纪事（1905—1995）》，中央文献出版社2011年版，第27页。

德的老绅士"①。新思想与旧学家、新道德与老绅士这看似对立的两极，在张元济那里得到了完美的统一。1984年，张元济去世25年，家乡浙江海盐为了纪念这位杰出的爱国文化老人，由黄源、朱启平等提出建一座以张元济命名的公共图书馆，并拟请陈云为之题写馆名。陈云接到浙江省文化厅转来海盐县政府的请求信函是1984年8月14日，也正巧是张元济先生去世的纪念日。当时陈云已年届八十，打破一般不题字的习惯，当场连写几张，嘱咐秘书通过中央警卫局专线及早将题词送达浙江省文化厅，转给海盐县人民政府。9月上旬，海盐县政府领导特地赶到省文化厅取到了陈云题写的馆名真迹。张元济图书馆于1985年5月8日奠基，1987年5月8日落成开馆，建筑风格具江南园林特色，园内黛瓦粉墙，曲桥卧波，亭阁相接，自然成趣。在张元济图书馆的建设过程中，陈云夫人于若木两次受陈云委托来海盐，专门视察图书馆的建设工地和参加开馆典礼。

陈云在商务印书馆从学徒走上革命道路，逐渐成长为中国社会主义经济建设的开创者和奠基人之一，党和国家久经考验的卓越领导人，然而他一直不忘在前进道路上曾给过他帮助的人，以自己博大的胸怀来回报他们，尊敬他们，怀念他们，其精神让后人景仰！

（作者单位：张元济图书馆）

---

① 熊月之：《一代醇儒张元济》，《文汇报》2012年10月15日。

陈云与董亦湘的情谊

潘黎黎

陈云是老一辈无产阶级革命家、政治家,党和国家久经考验的卓越领导人。14岁那年,他在母校颜安小学班主任老师张行恭的帮助下来到上海商务印书馆当学徒,后当店员,这段经历影响了他的一生,成为他人生的重要转折点之一。商务印书馆是中国历史最悠久的专业出版机构,是当时上海最重要的产业工人大军与知识分子云集的地方。中国共产党早期革命活动家董亦湘就是其中之一,共同的抱负和理想使陈云与董亦湘结下了深厚的情谊。

一、志在四方——走出人生重要一步

1905年6月13日,陈云诞生在青浦练塘镇下塘街西首靠河的闵家小屋里。练塘镇也称章练塘,位于青浦城区西南18公里处,镇呈长方形,一条贯穿全镇的市河俗称三里塘。陈云的家乡属于典型的江南水乡,人杰地灵,古色古香。但幼年的陈云却是不幸的,两岁丧父,四岁丧母,从小由舅父母抚养。舅父家境贫寒,但性情温和,心地善良,喜欢孩子。陈云先后辗转在练塘镇刘敏安私塾、贻善初等小学、青浦县立乙种商业学校、颜安小学学习。1919年夏，陈云从颜安小学毕业，舅父再也无力供他上学了，只得在舅父的小酒馆里帮助烧火、打杂。正当陈云感到前途迷茫时，他的班主任张行恭老师给他带来了希望，帮助他走出了人生重要一步。

1919年12月8日，通过张行恭老师在上海商务印书馆工作的弟弟张子宏介绍，陈云到商务印书馆当学徒。这样一来，不仅可以解决生活困难问题，更有机会多看书学习。当他把这一消息告诉舅舅、舅母和姐姐时，全家都为他高兴。于是，陈云告别了亲人，告别了辛勤教育他的老师们，告别了同窗好友，在张行恭老师的陪伴下，登上了东去上海的小船。1936年，他在自传中提到："我是在章练塘的高等小学毕业，毕业后当然无力升学，即在家里等了半年，是年冬才赴上海商务印书馆当学徒。"[①] 当时陈云因为营养不良长得非常瘦小，所长拒绝收留，让他长大了再来。后经张子宏说情，勉强同意留下，在发行所文具柜台当学徒，月薪三元，住在上海老北站华兴路顺征里七号商务印书馆集体宿舍的东厢房里。至此，陈云开始了他人生新的征程。

创始于1897年的商务印书馆，是近代出版机构的先驱，创办人为夏瑞芳、鲍咸恩、鲍咸昌、高凤池。自1902年张元济进入商务后，面貌发生了巨大变化。他决策成立了商务印书馆编译所，形成了出版企业、出版家和学者合作的特色。在他的感召下，商务印书馆逐渐文人荟萃，吸引了一大批知识分子和知名学者，陈

[①] 《陈云传》（一），中央文献出版社2015年版，第12—13页。

独秀、沈雁冰等早期共产党人都曾任商务印书馆编辑，是中国共产党早期在上海活动的一个重要据点。来自江苏省武进县潘家桥的董亦湘便是其中一员。由于过去资料缺乏，我们对董亦湘的了解并不是很多，他与陈云之间的交往也鲜为人知，随着史料逐步被发现和挖掘，二人的交往逐渐为人所知。

董亦湘，1896年10月23日出生于江苏省武进县一个贫寒的农民家庭，家中排行老二，原名椿寿，到上海改名衡，号亦湘，常用亦湘为名。他只读了七八年私塾，19岁在家乡任私塾老师。他热爱读书，常把书带到田间地头。虽身居闭塞乡间，但胸怀大志，心系国家存亡，曾在笔筒上庄重地刻下了"大丈夫以身许国，好男儿志在四方"的豪言壮语。1918年，经过私塾老师殷彦洵的介绍，他进入商务印书馆，成了编译所国文词典委员会的一名助理编辑。从此，董亦湘开始接受新思想，为了寻求马列主义真理，业余时间他自学英语、俄语，阅读马列著作，研究社会主义学说。1921年，同在商务印书馆工作的沈雁冰加入上海共产主义小组。同年4月，经沈雁冰介绍，董亦湘成为中共上海小组的成员。1923年7月，上海地方兼区执行委员会决定：上海的53名中共党员重新进行编组，分成四个小组。住在闸北的党员编在第二组，命名为商务印书馆小组。商务印书馆小组有13名成员，由董亦湘担任组长。1924年4月，中共上海地方兼区执行委员会改组为中共上海地方委员会，归闸北区委领导，董亦湘仍然任组长。1925年5月，中共上海商务印书馆支部成立，由董亦湘担任第一位党支部书记。为促进国共合作的迅速实现，动员和组织江浙人民反帝、反封建斗争，他做了大量有益的工作。董亦湘是中国共产党正式成立前就已入党的早期党员之一，他努力学习和宣传马克思主义，结合中国实际，思考并运用于中国革命实践，成为中国革命早期有影响的理论家，为中国共产党的创建和发展作出了卓越贡献。

就这样，比陈云大九岁、早一年进入商务印书馆的董亦湘，成了陈云的同事，两人住得也非常近，商务印书馆成了他们结识的桥梁。通过接触，两人又成了志同道合的朋友，共同探索救国救民的真理。

二、崭露头角——结下浓厚师生情谊

商务印书馆仿佛是知识的海洋，陈云在这里尽兴遨游。不管工作多忙多累，他始终坚持刻苦学习。他在延安回忆自己学习经历时说："我 15 岁在上海当学徒，开始连报纸也看不懂，几年以后就能读懂了。"[1] 陈云学习的兴趣十分广泛，包括文化书籍、政治书籍、英语、书法等。他和工友一起住集体宿舍，总是最后一个睡觉、第一个起床。后来，他在自传中这样写道："我应该说在商务时期，对我在文化上的得益很大，全部'童话''旧小说''少年丛书'都看了，有时也可翻翻杂志。同时我自信也是很用功的一个人，练字，上夜校（商务办的），读英文。"[2] 陈云在商务印书馆期间一直在发行所工作，经董亦湘所在编译所出版的各种各样的书，都需要

---

[1] 《陈云文选》第 1 卷，人民出版社 2015 年版，第 267 页。
[2] 《陈云传》（一），中央文献出版社 2015 年版，第 20 页。

发行所发行人员发出去，所以，近水楼台先得月的陈云当时阅读了很多进步书籍。同时，他在上海通信图书馆研读了一系列马列著作和苏联革命书籍，如《马克思主义浅说》《资本制度浅说》《辩证唯物论》《共产主义ABC》等。通过不断努力，只有高小文化的陈云，学识和才干逐渐在青年工友中崭露头角。

董亦湘知识渊博、思想活跃、才能出众，他自学英文、俄文，阅读马列著作，研究社会主义学说。作为商务印书馆第一任党支部书记，他往来于上海、无锡、苏州等地从事革命活动，宣传革命道理，帮助建立无锡党支部；并积极撰写文章，多次在《中国青年》《民国日报》《对外旬报》等刊物发表，揭露帝国主义的罪行。1924年3月9日，上海《民国日报》在《追悼列宁大会特刊》上登载了董亦湘在上海各界代表举行的列宁追悼会上的《告今日追悼列宁者》演讲词；1924年7月8日，上海《民国日报》副刊《觉悟》上连载了他所作的《唯物史观》演讲稿全文；他编写的《社会发展史讲义》，成为上海多所大学的通用教材。董亦湘工作积极、为人正派，深得商务工友的爱戴。他领导商务印书馆党员和职工参加斗争，是五卅运动领导人之一，还发起成立了上海教职员救国同志会。

为了提高广大工人的思想觉悟，上海的党组织开办了许多工人夜校。陈云也参加了商务印书馆的工人夜校，进一步提高了文化水平。而董亦湘当时就是夜校的老师，陈云特别喜欢听他讲解马克思主义和党的思想主张。对董亦湘的文章，陈云也非常感兴趣，每一篇都细细品读，汲取营养，并经常与他探讨问题，交流看法，渐渐流露出想参加他们活动的想法。在两人交往的过程中，董亦湘也注意到了这个思维敏捷、刻苦勤奋的学生，对他颇为赞赏，经常同他讨论当时社会上流行的各种思想和政治主张，给他讲国内军阀割据的局面、苏联社会主义制度，以及我国工人阶级被压迫的根源和斗争前途等革命道理。陈云的思想进步了，格局也变大了，这与董亦湘的影响和引导是分不开的，两人由此结下了浓厚的师生情谊。

三、加入共产党——经受革命锻炼考验

陈云对于当时董亦湘、沈雁冰等优秀共产党人的英勇壮举非常敬佩，他们忧国忧民、忘我奋斗的精神强烈地震撼着陈云年轻的心。1925年5月15日，上海"内外棉"七厂的日本资本家枪杀该厂工人、共产党员顾正红，激起上海民众极大愤怒，引发了震惊中外的五卅惨案。五卅惨案发生后，中共中央和中共上海地委决定派出宣传报告员到各处宣讲，董亦湘被指定为宣传员，对商务印书馆的党员和积极分子进行了动员。陈云听了董亦湘的动员后备受鼓舞，感慨万千。他下定决心，一定要在即将来临的大风大浪中挺身而出。陈云和工友们一起冒着生命危险带着传单，来到南京路，时而散发传单，时而高呼口号"打倒帝国主义！""上海人民速起反抗外国人的残暴！"当时，商务印书馆的几位编辑决定创办一份揭露帝国主义罪行的报纸《公理日报》，有力地支持反帝斗争。陈云带头和工友上街卖报，并积极参加商务印书馆组织的募捐活动，捐献了自己的工资。此时，20岁的热血青年陈云经过五卅运动的洗礼，得到了很好地锻炼，脱颖而出。

陈云后来在自传中说:"我对于职工运动及党的组织工作最有兴趣。"[1]五卅运动给了商务职工巨大的鼓舞,使他们认识到"工人要解脱苦痛,只有工人自己向前去奋斗;工人自身的利益,只有工人自己去要求"。[2]五卅运动直接导致商务印书馆的员工大罢工,工人要求组织工会、改善待遇。由于陈云平时办事公道,敢于同资本家斗争,深得大家的信任和拥戴,被推选为罢工临时委员会委员长,成为组织罢工的骨干,和董亦湘等一起领导商务印书馆工人大罢工。他们秘密召集发行所、印刷所、编译所、总务处的党团员和积极分子开会,研究罢工策略、步骤和方法。考虑到商务印书馆发行所的地理位置处于闹市区,又是整个商务印书馆的经济来源所在,相对印刷所和编译所传播消息更快,影响面更大,而且当时发行所并未成立工会,资方不太注意发行所,突然行动就在资本家意料之外,所以一致同意由发行所首先发起罢工。经过认真考虑,陈云派队员把发行所大门及办公室钥匙全部集中起来,将工人上下班的记录卡都拿走,防止资本家对工人实施报复。他每天上午主持发行所职工会召开职工大会,及时通报劳资双方的谈判情况。陈云反复强调大家要加强团结,坚持斗争,不达目的决不复工。由于陈云和董亦湘等的精心组织,1925年8月27日,资本家被迫全部接受工人的复工条件,历时六天的罢工取得了胜利。

陈云在斗争中显露出的高超组织才能和超群智慧得到了商务

---

[1] 《陈云传》(一),中央文献出版社2015年版,第25页。
[2] 同上书,第26页。

印书馆地下党组织的高度评价,这个优秀的青年才俊再次进入了支部书记董亦湘的视野。当时,董亦湘除了发动群众和宣传革命外,还致力于扩大党的组织,吸收青年人才加入共产党。他发现陈云有着非凡的勇气和出色的组织才能,而且在群众中威信很高,虽然年纪不大,却老练能干,是不可多得的人才。经过一番仔细考察,1925年八九月间,在商务印书馆第一任党支部书记董亦湘和党员恽雨棠的介绍下,陈云光荣地加入了中国共产党,从此接受革命的锻炼和考验,开始了职业革命家的生涯。后来,陈云回忆起自己的入党感悟:"入党以后,自己觉得此身已非昔比,今后不是做'成家立业'的一套,而要专干革命。这个人生观上的改革,对于我以后有极大的帮助。"①

比董亦湘小五岁的弟弟董涤尘,后来成为上海市政协委员、徐汇区人大常委会副主任。当时他在家乡人、商务印书馆《辞源》主编陆尔奎先生的资助下,也到上海读大学,晚上就回到董亦湘的住处和哥哥住在一起。据他回忆:"我们同陈云同志更是比较熟悉,我和二哥住在闸北天通庵路源源里八号,陈云同志住在相近的一幢房子里。每到星期天下午,我常跟着哥哥去河南路商务印书馆发行所二楼西书柜去看陈云同志。陈云同志常和二哥到另一个地方去密商革命工作,我一个人留在西书柜任意阅读英文书籍。"② 由此可见,两人的交往非常密切。

---

① 《陈云传》(一),中央文献出版社2015年版,第36页。
② 中央江苏省委党史资料征集研究委员会、江苏省档案局编:《江苏革命史料选辑》第8辑,1984年内部印行。

四、题写碑名——不忘革命的引路人

　　入党后的陈云仍刻苦阅读马克思主义的相关书籍，不断提高思想理论水平，对错综复杂的革命形势也逐渐有了自己清醒的认识，由一己求谋生之路投入到保家卫国的职业革命家的征程。由于资方没有实现第一次罢工协议的全部诺言，1925年12月在商务印书馆举行了第二次罢工。这位新党员再次经受了阶级斗争的洗礼。他日夜操劳，团结工人，四处奔波，撰稿演讲，领导工人经过半个多月的曲折斗争又获全胜，一如既往地表现出了他对工人阶级事业的忠诚和非凡的领导组织才能。之后，发行所成立了自己的支部，陈云曾任发行所支部书记、发行所职工会党团书记兼商务印书馆总支部干事。

　　在革命的道路上，董亦湘可以说是陈云的重要引路人，陈云内心深深地感激这位老师。在介绍陈云入党后两个月，工作出色的老党员董亦湘受中共中央委派，前往莫斯科中山大学留学。陈云没有想到，这一别，竟成了两位革命者永远的诀别。董亦湘也没有看到，他慧眼识珠介绍入党的陈云，后来成为了一位睿智且富有远见卓识的革命领袖。1925年10月，董亦湘带领100多位学员，从上海出发前往中山大学，成为中大的第一届留学生，改用俄文名字奥林斯基·列夫·米哈依洛维奇。很快他就从众人中脱颖而出，并兼任低级班的助教。毕业后，他继续留校，在中国革命教研室当翻译。邓小平等留学生当时都曾聆听过董老师的课。1933年，他被派往哈巴罗夫斯克（伯力）工作，任苏联远东内务部政治保卫局全权军事代表。但不幸的是，当时任中大学生党支部负责人的王明权欲熏心，他意识到要进入党中央，就要整垮董亦湘等人。他先是诬陷董亦湘策划"浙江同乡会"，后又无端将"托派"的帽子扣在他的头上。1937年联共进行大清党，因王明谗言陷害，联共当局将董亦湘逮捕入狱。入狱第二年，康生在中共中央机关刊物《解放》上发表文章《铲除日寇侦探民族公敌的托洛茨基匪徒》，矛头直指董亦湘，污蔑他是"在苏联的中国托洛茨基匪徒"。紧接着，苏联的《真理报》和巴黎的《救国时报》竟然也发文附和。1939年5月19日，经历了血雨腥风之后，年仅43岁的董亦湘被迫害含冤而死。

1959年，苏联中央军事检察院和远东军区军事法院发出通知，认为董亦湘的案件"应以无罪结案""死后亦应完全恢复声誉"。中国共产党十一届三中全会后，对董亦湘的历史旧案进行复查。1984年5月，中共中央组织部发出通知，为董亦湘平反昭雪，恢复名誉。1987年3月，经中华人民共和国民政部批准为革命烈士。这起历时40多年的冤案终于尘埃落定。听闻这个消息，始终没有忘记故人旧情的陈云思绪万千，心潮澎湃，怀着对自己革命引路人的深深敬意，欣然题写了董亦湘纪念碑碑文，表达对昔日老师的尊敬、爱戴和怀念之情。1987年4月27日，中共武进县委和县人民政府为中共早期党员、革命活动家董亦湘的纪念碑举行隆重揭碑仪式，陈云为纪念碑题写的碑文从此正式在前来凭吊烈士的广大公众面前展现。

1919年，少年陈云在家门口市河的小船上面向东方沉思，带着美好的憧憬来到了商务印书馆。这位当时只有小学文化程度的贫困少年，正是在藏龙卧虎的商务遇到了像董亦湘这样的良师益友，他们循循善诱，引领着年轻的陈云从小小的文具柜台出发，一步一个脚印努力向前迈进，投身于革命的洪流之中。

（作者单位：陈云纪念馆）

陈云和茅盾的深厚友谊

张秋震

陈云与茅盾,这两位江南水乡孕育的中国共产党的优秀党员、共产主义革命战士,早在土地革命战争时期,就在党内一起共事,两人志同道合,风雨同舟。这对革命的老战友,相知相交数十载,他们相互敬重,相互支持,肝胆相照,情同手足;他们之间的革命情、战友情,纯洁而高尚,诚挚而久远。

一、江南水乡育英才,奔赴商务谋事业

茅盾,原名沈雁冰或沈德鸿,1896年7月出生在浙江桐乡乌镇一个思想观念颇为新颖的家庭里,从小接受新式的教育。1913年考入北京大学预科,毕业后,1916年进入上海商务印书馆编译所工作,从此走上了改革中国文艺的道路,成为新文化运动的先驱者、中国革命文艺的奠基人。早在1921年,他就在上海先后参加共产主义小组和中国共产党,是党的最早的一批党员之一,曾积极参加党的筹备工作和早期工作。陈云,1905年6月出生于江苏省青浦县练塘镇(今上海市青浦区练塘镇)一户贫苦的农民家

庭。二人都出生在江南水乡古镇，江南水乡悠久的历史、辉煌灿烂的文化、先进的思想、杰出的历史人物及他们身上的优秀品格，熏陶着两位革命者的成长，也孕育着两位革命者的性格。

陈云两岁丧父、四岁失母，在这种情形下，陈云和姐姐陈星与外祖母、舅舅一家生活在一起。外祖母去世后，舅舅廖文光立陈云为嗣子，抚养他长大。陈云八岁开始进私塾接受启蒙教育，九岁那年进入新式小学读书，十二岁时入青浦县立乙种商业学校读书，但一个多月后因资助中断，只得辍学回家，后在练塘镇颜安小学校长杜衡伯的保荐下，免费入颜安小学读书。两年后即1919年的夏天，陈云毕业于颜安小学高小部。因为不愿再加重家庭负担，不再升学，在家里帮助舅父做家务。后来班主任老师张行恭同情陈云的遭遇，欣赏他的才干，通过其弟弟张子宏的介绍，陈云于1919年12月8日离开练塘进入商务印书馆发行所文具仪器柜当学徒。在发行所当学徒，薪水很少，第一年每月3元，第二年每月5元，第三年每月7元。茅盾此时在商务印书馆已跻身于青年才俊行列，进馆月薪24元，1917年1月开始月薪就达30元，是发行所学徒的十倍。陈云进馆当学徒时，茅盾不仅在文艺上已经取得了一些成就，参与创建文学研究会，而且思想进步，1920年已成为正式建党前的中共党员，已成为上海文坛进步青年的中坚分子。

陈云虽然高小文化程度，但他在学徒期间，勤奋好学，每天利用早晚时间读书、习字、念英语，还看遍了书店里的"童话""旧小说"及"少年丛书"。他利用休息时间到商务印书馆办的上海图书学校学习了三年，主要学习中英文。几年下来，20岁不到的陈云，成为当时商务印书馆发行所年轻同事中学识最渊博的一个。

二、商务罢工初相识，共同携手闹革命

1925年初，20岁的陈云学徒期满，商务印书馆发行所调他到上海虹口分店当店员，月薪9元。也就是在这一年，五卅运动的爆发让茅盾和陈云能够"常见面"。当时，日本利用不平等条约在中国开设各种工厂，其中纺织厂全国共41所，在上海就有37所。这些日资企业仗着雄厚的资本实力，残酷地剥削中国工人，每天二班制，24小时不停，每班工作12小时，纺织女工和童工每天平均工资不过一毛钱，食宿条件极其艰苦。

1925年5月15日，发生了日本领班枪杀工会活动分子顾正红事件，从而引起了全市罢工、罢市、罢课的"三罢"运动，五卅反帝爱国热潮犹如熊熊烈火在上海这个大都市燃烧起来。

在五卅运动的大背景下，当时正担负着中共上海地区领导工作的茅盾和商务印书馆发行所工人运动负责人的陈云，在五卅运动的洪流中共同战斗在一起了。

针对上海媒体不敢如实报道五卅运动，同年6月2日，茅盾与叶圣陶、胡愈之等联合12个学术团体创办《公理日报》，张元济、高梦旦、王云五三位商务老板每人捐100元，其他单位和个人也纷纷解囊相助。报纸如实报道五卅运动真相，一出版就被一抢而空。陈云得知《公理日报》出版，积极支持，参与了义卖等活动。

陈云在五卅运动中表现出来的才能和革命思想，深为革命者所欣赏。经人介绍，陈云到上海通信图书馆看书，开始接触马克思主义。上海通信图书馆是进步青年应修人、楼适夷在20世纪

20年代初期创办的,为要求进步、坚持自学的青年读者服务,采取无条件外借和对远道、外地读者邮借的办法,推动进步思想的传播。五卅运动后,应修人加入中国共产党,他在图书馆秘密推广党的书刊,还经常请党的领导人如赵世炎、恽代英、杨贤江等到图书馆作报告,使陈云等一大批青年走上了革命道路。茅盾当时作为中共上海地方负责人之一,也曾到上海通信图书馆作过讲演。

1925年8月中旬,鉴于上海工运逐渐走向低潮的情况,中共中央决定将总罢工转向局部的经济斗争,而已成立工会的商务印书馆被党中央列为重点。党中央派了徐梅坤在罢工委员会内部组织临时党团,领导实际的罢工斗争。当时陈云就积极参与党团组织的各种会议。据茅盾回忆,当时商务印书馆的中国共产党组织是由茅盾和杨贤江负责的。

1925年8月21日晚至22日凌晨,20岁的陈云主持商务印书馆发行所工人运动积极分子会议,有168人到会,会议作出举行罢工的决定,草拟了罢工宣言、复工条件等。在15人的罢工临时委员会上,陈云被推选为委员长。当时茅盾是商务印书馆党组织的负责人之一,也是与陈云紧密战斗在一起的革命者。在一个通宵的罢工会议中,茅盾亲自为商务印书馆的罢工起草《罢工宣言》,这个宣言就是在陈云为委员长的工会罢工执行委员会通过后发布的。对于当天的会议,茅盾清楚地记得:"会议至二十二日凌晨结束,决议罢工,提出复工条件十二项、职工会章程草案、罢工宣言等,并选临时委员十五人:有廖陈云(委员长)、赵耀全、章郁庵、徐新之、孙琨瑜等。罢工就此开始了,这是二十二日的事。同时又写信给商务印书馆在全国各地的三十多个分馆职工,要求声援,采取一致行动。"① 从上面通过的罢工宣言和一些罢工举措看,当时陈云与茅盾配合十分紧密,经常互相交流,而且也可以看出年轻的陈云卓越的组织才能。

8月23日上午,陈云刚刚开了一个通宵的会议,毫无倦意,依然充满革命激情。他与商务印书馆职工罢工执行委员会其他委员一起,先后向印刷发行所职工解释复工条件,取得职工支持。23日下午3时,商务印书馆4000名职工齐聚在东方图书馆广场,召开罢工大会,20岁的陈云为大会主席,并在大会上代表罢工职工向馆方提出经过协商取得一致的复工条件,内容包括承认工会、增加工资、缩短工时、废除包工制、优待女工、优待学徒、不得因这次罢工开除工人、罢工期间工资照发等。对此,当事人也是重要决策者之一的茅盾也有回忆,他说:"二十三日下午,罢工职工共约四千人(印刷所三千余人)在商务印书馆编译所对面的东方图书馆之俱乐部前面的广场上开大会,廖陈云主席,当场决定归并两所(发行、印刷)一处所提的要求为若干条。其中重要的,如公司应承认工会有代表全体职工之权;增加工资;缩短工时;废除包工制,优待女工。"茅盾的寥寥数笔,将当时商务印书馆如火如荼的罢工斗争描绘了出来。

8月24日,商务印书馆全线罢工。当天下午,"三所一处"罢工代表召开联席会议,联席会议后,商务印书馆公司代表与全体职工代表在总务处会客室举行第一次谈判。据茅盾回忆,资方代表为张元济、鲍咸昌、高翰卿、高梦旦、王显华、王云五等,劳方

---

① 茅盾:《我走过的道路》上册,人民文学出版社1997年版,第313—314页。

代表为章郁庵、徐新之、孙琨瑜、郑振铎、沈雁冰等,茅盾根据之前联席会议的意见,亲自草拟了与馆方正式谈判的12条复工条件。在谈判中,商务当局坚持先复工后谈判,致使谈判陷入僵局。

初次谈判,陈云没有参加。但这一天,上海的《时报》上刊登了陈云关于商务印书馆罢工的谈话,指出"双方相差太远,风潮当不能即日平静"。而且,这一天,商务当局与劳方代表谈判陷入僵局之后,上海总工会、上海总商会、上海各马路商界联合会、上海学生联合会等六个团体闻讯后立即组成商务罢工后援会,表示将"竭力援助与调解"。8月25日,在联席会议的基础上建立罢工中央执行委员会,作为商务印书馆指挥罢工的最高权力机关。到27日,罢工已进行了六天,眼看各地学校开学在即,亟需教科书,商务资方被迫作出让步。经过一天反复磋商,到当晚9时达成协议。代表商务资方签字的是总经理鲍咸昌,代表商务劳方签字的是罢工中央执行委员会王景云、章郁庵、黄雅生、沈雁冰等13名委员。协议规定的复工条件主要是:公司承认工会有协调职工与公司之效用;增加工资,增幅从10%到30%不等;发行所柜台减少工作时间一小时,如办不到,此一小时照加工资;女工生产前后各休业一个月;公司不因罢工开除此次罢工人员,罢工期间的薪水照发;等等。协议还规定,上议各条,自签字之日起实行,有效期为三年。[①]这样,罢工时提出的各项要求都不同程度地实现了。

[①] 参见商务印书馆工会执行委员会编:《商务印书馆工会史》,商务印书馆1929年版,第21—22页。

这个复工条件，茅盾回忆录中也有记载。这个经过斗争的成果，维护了职工权益，保障了职工利益，让茅盾和陈云他们十分高兴和激动。28日上午，商务印书馆全体职工大会在东方图书馆的广场上举行。王景云任主席，茅盾代表罢工中央执委报告谈判经过，此时，几千人的广场上，群情振奋。茅盾回忆那天"到会职工一致欢呼，拥护复工条件"。会上，茅盾宣读了以商务印书馆罢工中央执行委员会名义起草的《复工宣言》。

在商务印书馆罢工期间，作为商务印书馆工人领袖的陈云虽然年轻，但他每天上午在发行所主持召开职工大会，报告劳资双方谈判的情况，并提醒大家提高警惕，加强团结，防止有人破坏罢工。

商务印书馆这场罢工斗争，是五卅运动后觉醒起来的职工为自身经济要求和政治要求进行的抗争。接着，中华书局职工和上海邮政职工也相继罢工。中国共产党领导的上海工人运动有了新的发展。[①]

陈云由于在商务印书馆工人罢工运动中的突出表现和卓越才能，再加上对马克思主义理论的学习和思考，由茅盾的同事董亦湘、恽雨棠两人介绍，参加中国共产党。入党后的陈云被编入商务印书馆党支部。

复工后的商务印书馆一片忙碌，罢工斗争的胜利极大鼓舞了商务印书馆的职工。9月1日，发行所召开职工大会，成立职工会，陈云被推选为职工会委员长。1927年大革命失败后，陈云受党组

[①] 《陈云传》(一)，中央文献出版社2015年版，第35页。

织的委派,回到家乡青浦发动农民武装暴动,家乡小蒸地区的农民运动搞得轰轰烈烈。

1925年秋商务印书馆罢工胜利结束后,茅盾的革命热情十分高涨,同年12月,茅盾当选为上海国民党第二次全国代表大会的代表。1926年1月,茅盾去广州参加国民党第二次全国代表大会后留在广州工作,进入国民党中央宣传部担任秘书并编《政治周报》,在毛泽东、汪精卫等领导下工作。"中山舰事件"后,茅盾回到上海,本想根据毛泽东的指示,在上海办报纸,后因故报纸没有办成,商务印书馆的工作也辞去了,结束了商务十年的经历。不久,他去大革命的中心武汉,先任军校政治教官,后任《汉口民国日报》主笔。大革命失败后,茅盾回上海埋首写作,从此走上专职文学创作的道路。

三、圣地延安重相逢,短暂交往再分别

直到1940年5月茅盾从新疆回到延安,阔别十多年的陈云与茅盾终于见面了。

1940年5月26日下午,茅盾一行到了延安南部的七里铺,张闻天、陈云等已在此地等候迎接老朋友茅盾一家的到来。茅盾在回忆录中,生动地记述了当初与陈云重逢的场景:"这时,一位身材瘦小的同志走上前来,用上海口音问道:沈先生还记得我吗?我仔细端详,只觉得面熟,却记不起名字,就说,好像见过面。他哈哈笑道:我就是虹口分店廖陈云。他一说,我也就认出来了。一九二五年商务印书馆大罢工时,我们常见面,那时他很年轻;后

来被派往苏联学习,就再未见过面,算起来已有十四年了。"① 然后他们二人紧紧握手,互相问候。

  茅盾在延安短短的四个月里,参加了中央领导的学习活动,有机会和陈云见面交流。陈云在十分忙碌的同时仍挤时间参加中央组织的这些学习讨论活动,可以说几乎没有请假和落下。这些讲座和讨论,茅盾也都专程从鲁艺骑马去出席,"每周至少要从桥儿沟骑马进城两三次,参加各种活动"。1940 年 9 月 20 日,延安各界纪念"九一八"九周年和庆祝百团大战胜利大会,茅盾与陈云等都是主席团成员,共同为百团大战胜利而欢呼。

  在延安三个月后,中共中央考虑重庆统战工作的需要,决定让茅盾去重庆参加文化工作,在周恩来的直接领导下工作。这样,茅盾应周恩来电召,1940 年 10 月 10 日奉命告别延安,留下一双儿女,偕妻子奔赴抗战陪都重庆。在离开延安之前,9 月 26 日,张闻天专门设宴为茅盾送行,陈云等领导作陪。这也可以看出陈云与茅盾的深厚友谊。茅盾离开延安后,与陈云的见面机会又少了,但是陈云与茅盾的延安相聚却加深了彼此相互了解。1943 年 3 月,陈云在一次为文艺工作者下乡送行会上,讲到文艺工作者要增长知识时,还专门举了老友茅盾写《子夜》的例子,他说:"我们同志有住在上海的,是不是知道上海呢?大家知道上海有交易所,但是证券交易所也好、纱布交易所也好,究竟是个什么情形,知道的人就少了。我听说茅盾写《子夜》,就跑了好久的交易所。但是许多同志不但不知道什么是交易所,就连在上海吃的大米哪里来

---

① 茅盾:《我走过的道路》下册,人民文学出版社 1988 年版,第 203—204 页。

的，拉的大便是哪里去的，住了七八年都不知道。所以我们的知识实在是很少的。"① 茅盾离开延安后先后去重庆、香港、桂林、上海等地，一直从事革命文化工作，到1949年才从香港经东北到达已经解放的北平。

四、分管财经和文化，肩负重任搞建设

中华人民共和国成立后，陈云担任政务院副总理，负责国家的财经工作。茅盾在中华人民共和国成立后担任文化部部长达15年之久。

尽管陈云主管的财经工作与茅盾负责的文化工作并没有多少交集，在工作关系上并不是直接领导，但陈云对文化上的事情，也同样有自己独到的看法。比如1952年4月，政务院召开第131次政务会议，在讨论《一九五二年电影制片工作计划》时，陈云说：工作计划关于影片内容涉及某个部门的业务，就让这个部门来审查的办法，说起来有道理，做起来行不通。陈云进一步阐释理由："因为电影毕竟还是电影，业务部门虽然熟悉自身业务，但在电影方面却没有或很少有知识。因此，不要只依靠这些业务部门审查电影，否则影片摄制出来不会好看的。现在电影局只有十二个人写剧本，人太少了。出路是广泛向外吸收各种稿件，只有稿子多了，才可以从中挑选好的。"② 这在当时的时代背景下是一种很独到

---

① 《人民日报》1982年5月22日。
② 《陈云年谱》（修订本）中卷，中央文献出版社2015年版，第210页。

的认识和见解。当时茅盾因为出国在外没有参加这次会议,但茅盾知道后非常赞成陈云对于文化工作的这一指导意见。

在老一辈无产阶级革命家中,陈云对文艺尤其是苏州评弹的喜欢,到了痴迷的程度,他从1959年开始对评弹有许多独到的见解,给当时的文化工作直接间接的支持和指导。1960年陈云在疗养时,又多次对评弹艺术提出自己的见解和如何发展作出指示。陈云对评弹艺术的指示,对发展文化艺术具有普遍的指导意义。陈云对评弹的痴迷和爱好,当年作为文化部部长的茅盾是清楚和了解的,而且陈云对于评弹艺术的要求和指示,同样也是对新中国文化工作的要求和指示。

五、晚年共度好时光,关照茅盾回忆录

改革开放新时期,陈云对党史工作十分重视,多次讲:青年人不知道我们的历史,特别是中国革命、中国共产党的历史。因此,中央决定让健在的老同志撰写革命回忆录。当时中央在开会时,陈云在会上特别提到茅盾,认为建党初期的历史,除了茅盾,恐怕没有几个人知道了,认为应该由茅盾把这段历史写出来,给我们党留下宝贵财富。当时会议上,陈云还叮嘱胡乔木专门去向茅盾提出这个请求。后来胡乔木转达了陈云请茅盾写回忆录的请求。

陈云的请求,让茅盾勾起对往事的回忆。其实,本着对历史负责的态度,茅盾在"文革"后期已经开始悄悄地回忆自己一生所走过的道路,以及自己一生所碰到的人和事,只是录音这种方式对茅盾这样的耄耋老人不太习惯,而且在"文革"中也无法寻找

资料和找人核对。现在陈云代表党中央对老同志提出写回忆录的请求，茅盾觉得陈云的要求与自己的想法做法不谋而合。

就在胡乔木转达陈云要求不久，人民文学出版社也去拜访茅盾，进一步转达中央要求，主动向茅盾要稿子，并说专门创办《新文学史料》这样一本杂志，刊登回忆录。后来人民文学出版社还派出版社编辑、茅盾儿媳陈小曼"回家"给茅盾当助手，给茅盾写回忆录提供便利。

六、悼念老友寄哀思，友谊长存天地间

1981年3月27日早上5点55分，茅盾因病医治无效与世长辞，享年85岁。一代文学巨匠永远离开了他心爱的世界和读者。巨星陨落，举国同悲，76岁的陈云闻讯也悲痛不已，半个多世纪的交往和友谊，让陈云沉浸在悲伤之中。陈云被列为沈雁冰治丧委员会委员。根据中央原来的安排，陈云准备4月2日去上海疗养。陈云提出去上海之前，要求提前向老友茅盾的遗体告别。所以，3月30日下午，陈云与陆定一、周扬、夏衍等少数几个同志专程到北京医院向老朋友茅盾的遗体告别。哀乐低回，陈云心情十分沉痛，他驻足凝视老友的脸庞，回想着60年前的上海商务印书馆往事，悲从中来。他轻轻地走过去，向老友茅盾三鞠躬。

1981年4月11日下午，中共中央在人民大会堂西大厅隆重举行沈雁冰（茅盾）追悼会，追悼会由邓小平主持，胡耀邦致悼词。胡耀邦在悼词中充分肯定了茅盾伟大而光荣的一生，称颂茅盾是"我国现代进步文化的先驱者"，是"伟大的革命文学家"，是"卓

越的无产阶级文化战士",在充分肯定茅盾伟大的文化成就的同时,又郑重宣布:"中共中央根据沈雁冰同志的请求和他一生的表现,决定恢复他的中国共产党党籍,党龄从一九二一年算起。"[①]

中央的决定,陈云举双手赞成!在上海休养的陈云看了胡耀邦代表党中央致的悼词,感到欣慰的同时又陷入深深的怀念之中。20世纪80年代,根据中央的决定,在茅盾故乡乌镇修葺观前街茅盾故居以便永久纪念,陈云欣然应邀为茅盾故居题字。这体现了陈云与茅盾的深厚情谊。

时至今日,陈云和茅盾两人虽然已经离开我们多年了,但他们共同灌注的战友情谊和共同为之奋斗的事业将永远镌刻在历史的丰碑上,万古长青!

(作者单位:陈云纪念馆)

[①] 王学平:《毛泽东的挚友与助手——茅盾》,《党史文汇》2001年第9期。

陈云关心商务印书馆纪实

刘启芳

在商务印书馆的七八年,是陈云人生中非常关键的时段。商务印书馆对陈云的影响是深远的、具有决定意义的,这种影响以各种不同的方式出现在陈云以后的工作生活中。与此同时,陈云也一直关心着商务印书馆的发展,时刻不忘表达他对商务的感恩知遇再造深情。

一、重视关心商务印书馆的发展

在革命、建设、改革三个历史时期,陈云一直和商务印书馆的进步人士保持联系,直接或间接指导商务的斗争,关心着商务印书馆的发展。

新中国成立后,陈云对于商务印书馆发展的指示主要表现在两个方面:一是商务工会性质的变化以及工人阶级应该如何面对新的改变;二是商务印书馆的改组合营相关事宜。这两件事情又紧密联系在一起。经历了战争的商务印书馆,面临前所未有的困境,概括而言,表现为资金欠缺、业务发展受阻、劳资关系紧张。①1949年七八月间,陈云在上海主持会议、调研工作期间,专门参加上海市总工会筹备委员会扩大会议并讲话。在讲话中,他明确指出:解放后,上海工人阶级从被压迫阶级一变而为领导阶级。国营企业中已经没有了剥削,工人已经是主人;私营企业中的工人,一方面仍受资本家剥削,另一方面又是新中国领导阶级的一分子。私营资本是中国新民主主义经济不可缺少的部分。在私营工厂中的工人有权利要求实行劳资两利,要求资本家尊重工人的民主权利,遵守人民政府的法令;但也有义务完成生产计划,遵守劳资双方订立的契约,遵守政府保护私营企业的法令。他还特别指出:工人阶级要提高政治觉悟,要戳穿少数特务分子的诡计,正确和错误的界线划分清楚。也就是在这次会议上,陈云对商务工会主席石敏良说:"商务工会工作,不能再像我们过去那样领导工人搞经济斗争了!否则就是自己拆自己的墙角。解放了,政权掌握在工人阶级手里,工会就要领导工人抓生产,搞经济建设。"陈云的讲话为商务印书馆在社会主义建设时期重新启航指明了发展方向。陈云还告诫大家,不能急功近利,也不要妄

---

① 在1947年初的时候,张元济就曾致信当时的北大校长胡适,请他代为出售一些值钱的善本书"以疗商务之贫"。1948年12月,商务召开股东常会分配上年盈余。从账面上看,上年盈余法币48亿元,但当时币制已经改成金圆券,这些钱只合金圆券1600元,当时共发行10亿股,算下来即使持有10万的股东,也连一分钱都拿不到,只能决议当年不发股息。不但不发股息,商务从1948年11月以后就没有新书出了,连坚持了30多年的《东方杂志》及其他杂志都停了。1949年3月,商务印书馆发密启通告给各分支馆,指示分支馆开支超过营业收入30%者,或工厂工作不继的,就立即裁员、减薪。但是,这种减薪的决定,一直遭到工会的反对,劳资矛盾尖锐。1949年7月27日,张元济与公司总经理陈夙之联名写信给陈毅,报告了商务目前的困难情况,恳请政府援助。

想朝夕之间做出成就，而是要做好吃苦受累的心理准备，摒弃天真的幻想。

不仅工会工作重点要转变，商务印书馆的经营方式也要改变，以迎接新中国文化建设新高潮的到来。陈叔通、张元济等人都向政府建议公私合营。1950年，商务印书馆与三联书店、中华书局、开明书店、联营书店联合组织中国图书发行公司，为新华书店以外的全国第二个发行系统。1952年金秋时节，为了公私合营的事情，商务印书馆石敏良等一行人来到陈云家中。谈起商务的公私合营，陈云的意见体现了他一贯的实事求是、积极稳妥的思想。他说："公私合营够条件的，可以先跑一步；不够条件的要慢慢来，千万不能齐步走。像农村里的合作化、城市的公私合营都是如此。先合营的可让后合营的看一看、比一比，究竟是合营好还是私营好？不要心急，要让他们创造条件自由结合，才能美满。"在这个思想指导下，陈云认为"商务印书馆和中华书局够条件，可以先跑一步"。不过，陈云又特别指出，商务合营后，"商务印书馆"五个字要保留，即使将来进入国营，商务这块招牌也不能丢，因为商务印书馆在国内外都有崇高的声誉。商务印书馆在以后的改组中始终遵循陈云的指示意见，不断在探索中改进。1954年商务印书馆实行公私合营，改组为高等教育出版社，同时保留了商务印书馆的品牌，担负高等学校、中等专业学校各科教学用书和原由商务印书馆出版的古籍、科技及工具书等书籍的编辑出版任务。1957年3月，陈云赴上海时专门到百货公司、永安公司、商务印书馆等地进行市场调查。

粉碎"四人帮"后，在张祺等上海老一辈地下党领导人的建议和支持下,在 1977 年商务建馆 80 周年时,上海市文物保管委员会公布宝山路商务被毁遗址为"市级革命纪念地",并建立纪念碑。[①] 与此同时,香港商务印书馆在港举行纪念活动。商务老同人茅盾、叶圣陶、胡愈之等作词庆祝,以表达对商务深深的感情。5 年后,1982 年,商务北京总馆设想在首都举行建馆 85 周年纪念活动。时任商务印书馆总编辑兼总经理陈原将此设想征求陈云意见。陈云为此题词:"商务印书馆是我在那里当过学徒、店员,也进行过阶级斗争的地方。应该说商务印书馆在解放前是中国的一个很重要的文化教育事业单位。"并同意公开发表。1982 年 2 月 11 日新华社报道:我国近代出版事业中历史最悠久、影响最大的机构——商务印书馆,今天在人民大会堂举行庆祝会,隆重纪念创建 85 周年。1986 年,陈云先后为庆祝商务印书馆创业 90 年、商务印刷厂建厂 90 年题词:"商务印书馆九十年","发扬革命传统,做好印刷工作"。商务印书馆以陈云题词发行了"邮资纪念封"。《人民画报》等报刊先后作了报道。陈云题词公开发表后,海内外知商务、爱商务的人士和商务的广大读者深受鼓舞,感到陈云题词是为商务平反、恢复名誉,是对"四人帮"的有力批判。商务创办人在海外的后代对此十分满意,先后回国寻根。商务印书馆发展迅速,同日本、美国、苏联、法国、新加坡等国的出版社开展了合作出版业务。

---

① 碑铭:上海工人第三次武装起义工人纠察队总指挥部旧址。正文:1927年3月21日,上海工人纠察队总部设于商务印书馆的东方图书馆,该馆收藏古籍珍本甚丰。1932年,一·二八之役,毁于日本帝国主义的炮火之下。

二、支持指导商务职工运动史的编写

商务印书馆具有光荣的革命传统,商务印书馆的工人组织有着比较好的基础。早在1916年到1917年间,中文排字工人就组织过一个"集成同志社",领导过一次反对资方变相扣减工钱的罢工。1921年中国共产党成立以后,商务印书馆更是成为革命的主要阵地,众多职工加入到为共产主义奋斗的队伍中来。对于这些斗争史,商务印书馆一直比较重视历史记载与传承,比如"四一二"反革命政变后,他们就曾做了两件事情。一是1929年编辑了《商务印书馆工会史》,1930出版了商务印书馆发行所职工会的民国十七年度《职工年刊》。二是上海市总工会在工人纠察队总指挥部为在上海工人第三次武装起义中牺牲的工人举行纪念仪式和追悼大会,赞誉商务七烈士为"无产阶级革命先锋"。周恩来、赵世炎等党的领导人参加了大会。上海市总工会起义胜利后,总指挥周恩来曾派专人对陈安芳家属进行慰问和抚恤。

陈云对商务工运史的留存则体现了独有的特点。

一是在工作文件中有提及有总结。陈云在担任全总党团书记期间,在三篇报告中提到商务。一是1932年8月起草撰写的《中华全国总工会改组以后的工作报告》,提到"领导了报馆罢工与商务斗争"。《关于商务印书馆工人斗争的报告》指出:"一·二八"日本飞机轰炸印刷总厂后,资方宣布关厂,勾结市社会局和黄色工会解雇全体工人,工人生活苦不堪言。我们当时提出用以下要求团结工人向资本家斗争:1.把四散的失业工人组织起来,首先要求资本家和黄色工会办收容所,维持工人生活;2.要求开厂,在关厂期内,资方每月要给工人发十五元维持费;3.反对解雇工人;4.发还二十年的花红。[①]《关于失业工人运动的报告》综述了上海兵工厂、江南造船厂、商务印书馆、三友实业社、中华工艺厂、达丰染织厂、安丝棉织厂以及药业工厂失业工人的斗争后提出:失业工人已对黄色工会的妥协出卖不满意,但大多数斗争还控制在黄色工会之下。斗争还没有从反对个别的资本家发展到反对整个资产阶级及其政府,没有走到要求国家机关给以经常的失业救济金;有的同志不了解失业工人是反帝反国民党最有力量的一支队伍,没有给失业工人斗争以积极的领导。

二是在授课中有描述。原上海总工会主席张祺回忆:1935年在苏联列宁学院学习时,陈云曾到他所在班级上课,谈起了他在商务印书馆工作时的具体细节。特别是商务党团、工会组织阵容之强,党、团员人数之多,在上海各产业中居于首位。他还专门提到,大革命后,商务职工运动带有一些普遍性的经验和教训。

三是在信件中有回忆。1958年10月24日,中共商务印书馆印刷厂总支特地写信给陈云,请他作指导并提供商务工人的斗争情况,帮助提供当时领导商务工人运动的其他相关人物信息。陈云在回信中进行了详细的答复。首先,陈云实事求是地强调"我是发行所职工会的人,对印刷厂以及总务处、编译所工会的情况,虽然大体是知道的,但不算知道得很具体"。其次,陈云对记忆中的商务工友进行了分类,一是坚持斗争的,一是变化了的,以保

[①] 《陈云年谱》(修订本)上卷,中央文献出版社2015年版,第150—151页。

持客观真实。为了表述清晰,陈云又把变化了的人也分为两种,一种人在国民党反动统治下或者日本帝国主义统治下屈服了,并且为反动统治者服务;另一种人是在反动政府统治下消极了,但没有为反动统治服务。最后,陈云强调要遵循三个原则:必须把商务印书馆的工人斗争放到全上海工人斗争的整体视角下加以审视,而且要通过商务印书馆的工人斗争来研究全上海工人斗争的趋势。必须尽量全面掌握历史材料,拉长材料翻阅年限和范围,查找当时的报纸等。必须保证对资料核实校准、真实完整,特别是对于国民党反动派颠倒是非、诬蔑篡改过的史料去伪存真,由健在的老同志佐证。陈云的回信客观真实、详细具体、有理有据,具有深刻的指导意义。

陈云的这封回信在厂工会干部的妥善保管中免遭失散。1985年12月26日,上海市总工会工运史料组翻印该信件,决定在1986年《上海工运》第二期发表,以引起广泛重视。商务印书馆上海印刷厂的党政领导,遵照陈云的指示精神,为了迎接建党70周年,商务印书馆上海印刷厂的党、政、工会领导和编写人员,组成了《上海商务印书馆职工运动史》编审组,按照"上海工厂企业党史工运史丛书"编辑部要求,经过三年多的努力,采用座谈会、个别访问、大型讨论会和每月固定的商务印书馆老职工公园茶话会等形式,广泛征集、不断补充、认真核实资料,1988年终于编辑了《商务印书馆职工运动史料辑要》。1989年10月,中共上海市委党史研究室和上海市总工会决定出版"上海工厂企业党史工运史丛书",《上海商务印书馆职工运动史》被列入丛书选题。商务印书馆厂党委和工会即成立编审组、编写组和咨询组,在已有资料基础上再行考证、充实一些新发现资料,对书稿进行多次修改,最终形成书稿。全书分为四大篇章,详细介绍了商务印书馆职工运动发展过程,第一、二次国内革命战争时期、抗日战争时期、解放战争时期的职工运动、商务印书馆烈士简介几大部分。完全体现了陈云的指示精神,不仅再现了上海工人阶级英勇斗争的精神,也还原了商务印书馆工人职员们的精神面貌。

三、关心、爱护商务印书馆同仁

在商务印书馆的七八年,陈云在学习、工作、斗争的过程中与这里的管理人员和普通工人结下了深厚的友谊和深深的感情,终生与他们保持着紧密的联系。

第一,感恩深情。张子宏,商务印书馆的老职工,1919年其兄张行恭通过他介绍陈云到该馆当学徒。新中国成立后,张子宏曾任该馆香港办事处主任。对于张老师和张子宏的举荐教导之恩,陈云念念不忘,涌泉相报。东北解放后,陈云就托沈阳商务分馆转上海总馆,问候张子宏并取得联系。上海解放后,陈云在上海开会,专门到河南中路商务印书馆上海总发行所看望了张子宏等老师傅、老同事。有一位师兄住在阁楼上,陈云亲自登上狭窄的楼梯,看望这位师兄。此后,只要陈云到上海,必定来看张老师。1971年8月,在香港商务印书馆工作的张子宏,患了帕金森病,回到上海治疗。1973年1月25日,他写信给陈云告知自己患病的情况。陈云的回信不仅及时,而且细心、耐心、充满信心。陈云说:"这病虽难根治,但只要静心休养,仍能长寿。"他建议张子宏每天坚持散步一个多小时，饮食定量，生活要有规律。不仅生活上要有信心，而且也要对共产主义充满信心。陈云说：自科学共产主义创立以来，不过130年，世界已发生了翻天覆地的变化。共产主义的世界终将代替资本主义世界，对这一点，愈来愈多的人深信不疑了，我对世界革命的胜利完全乐观的。

沈雁冰，大陈云9岁，早陈云3年进入商务印书馆，是商务印书馆的第一位党员，也是中共最早的党员之一。他在陈云成长与成熟的道路上发挥了关键的指导引领作用，在商务斗争中关系密切。陈云一直把他看成自己的老师和兄长。1981年3月沈雁冰去世后，陈云亲往医院向沈雁冰的遗体道别。1985年7月，他为沈雁冰故居题写了匾额。

第二，共进豪情。新中国成立之初，面对复杂的形势，陈云首战选取上海召开会议，研究对策。此时，进入政府任公职的陈叔通已经辞去商务印书馆董事职务，向周恩来详细介绍了上海企业界的基本情况，并建议多倾听他们的意见。上海财经会议结束后，周恩来根据这一建议电告陈云可晚回北京，专门留出时间与各界代表人物广泛接触。也就是在这期间，陈云特地拜访原商务印书馆的核心人物张元济先生，阐述执政理念、方针政策，共同面对和一起解决商务印书馆的发展难题，共商祖国发展大计，让他打消"不再从政"的念头。这年9月，张元济作为特邀代表赴京参加中国人民政治协商会议第一届全体会议。其间，陈云特地赶到张元济先生居住的地方，再次谈长论短，共叙友情，话题广泛。1959年，张元济去世。1984年，浙江省海盐县新建了"张元济图书馆"，陈云为该馆题写了馆名，并让夫人于若木代表他参加该馆的落成典礼，表达他对张元济的尊敬和怀念之情。

徐新之比陈云小4岁，与陈云在同一年加入中国共产党，与陈云一起共同参与了革命斗争。在革命期间，他按照党的指示，从事企业经营、资金运转等地下工作，并积累了一些经验。新中国成立后，徐新之及时与陈云取得联系，共商如何尽一己之力协助新中国经济工作顺利开展。特别是他利用自身联系解决建设亟需的物资，交换进出口，比如粮食、棉花、交通器材、开矿机械、发电设备、工业原料、药品燃料等。徐新之在陈云的指导下亲自筹划此事，与瑞士籍、美国籍两位国际人士具体联系。这件事后来因美帝实行封锁未果。1953年第一个五年计划开展后，徐新之在陈云的支持下，进入上海中利化学玻璃厂担任老资本的资方代理人，该厂合营后更致力改进料方，为国家节约了许多贵重原料。

第三，关切真情。在商务印书馆开展工人斗争的过程中，陈云影响和团结了一大批志向相同的进步人士。不管是在战争年代，还是在和平时期，陈云始终流露出真切的关心。王景云是1918年进入商务印书馆的，与陈云一起参与领导了商务印书馆的罢工斗争、上海三次武装起义。"四一二"后，王景云与陈云一起离开商务印书馆，两人分开坚持斗争，先后于1938年、1951年通信联系。在回信中，陈云对王景云的细致关心感人至深。

（作者单位：陈云纪念馆）

1919—1929年马克思主义在商务印书馆各阶层中的传播和实践

包建龙　刘资颖

中国的近代史是一部百年屈辱史，上海这颗屹立东方的明珠便是这段屈辱历史的最好见证——也正在见证着中华民族的伟大复兴。当商务印书馆这家民营文化企业在第一代创业者的励精图治之下逐步成长为一个堪比北京大学的文化教育出版机构的时候，时代赋予了商务更重要的使命。早期马克思主义也从这里出发，第一代中国共产党人在这里吸收营养并且做出了伟大的探索和实践。商务印书馆里面走出了很多优秀的共产党员，这些人中最有代表性的无疑是后来成为"共和国的红色掌柜"的陈云。可以说，没有商务印书馆的历练，也许陈云的人生就是另外的走向。本文将以1919—1929年的商务印书馆为载体，以早期马克思主义在商务印书馆各阶层的传播与实践为主要线索，勾画青年时代的陈云成长之路。

一、中国现代学术文化的双子星座
——北京大学与商务印书馆

商务印书馆由几个精通印务的同乡好友创办于1897年,比北京大学还要早一年。这时,风雨飘摇的清王朝已经快走到了它的最后一个十年,而帝国主义列强贪婪而又疯狂地吮吸着这片落后而又富饶的土地的血液,为即将到来的第一次世界大战积蓄着能量。中国各阶层的有识之士在呐喊奔波,试图找到一条救亡图存的道路。商务印书馆就在这样一种社会背景之下诞生了,并且在夹缝中迅速成长起来。五四运动之后,它已经与中国最著名的学府北京大学同时被誉为"中国现代学术文化的双子星座"。

虽然他们都具有极强的文化属性,但是二者又是不同的。1.二者的创办者不同:北京大学是由政府设立的,1912年之后北洋军阀时期也是中国最高学府;而商务印书馆只是几个彼此相熟的印刷工人合办的民间公司。2.二者的目的不同:北京大学是为近代中国培养人才的专门高等学府;而商务印书馆是以印刷和出版为经营手段的营利性机构,所谓"在商言商",赚钱是企业生存的基本要求。3.二者的组成人员不同:北京大学是高等学府,新文化运动和五四运动的策源地,其主要构成人员是近代著名知识分子团体和热血青年学生团体,彼此是教学相长的关系;而商务印书馆的构成人员则主要是民族资本家、具有深厚文化修养的编辑人员(知识分子)团体和占最大规模的劳动工人群体。虽则商务印书馆与北京大学之间有着本质的区别，二者之间的内在联系也是非常紧密的，主要表现在以商务印书馆的领导者张元济为核心的知识分子与北京大学众多名流的交往中。

随着陈独秀南下，《新青年》再一次回到了上海。[①] 而这一次，商务印书馆"接棒"北京大学，成为宣传马克思主义，进行马克思主义实践的另一个重镇。上海和商务印书馆"接棒"马克思主义的传播与实践具有得天独厚的优势，也具有非常重要的意义。1.上海是当时资本主义最发达的地区，随着城市化进程的推进，吸收了大量的无产阶级工人，而联合起来的无产阶级工人则拥有异常强大的力量。2.当时的上海相对远离北洋政府政治的核心，各方势力盘根错节但又相互忌惮，反而有利于共产党争取相关势力，联合达成目的，尤其是大革命时期与南方蒋介石领导的北伐军势力的合作。3.从商务印书馆自身来讲，商务印书馆具有影响力的刊物以及遍布全国的发行渠道成为宣传马克思主义得天独厚的天然条件，并且，商务5000多名印刷、发行工人是共产党的阶级基础。所以，在大革命时代的工运史上，商务印书馆留下了浓墨重彩的一笔。在大革命后期上海的三次武装起义过程中，商务印书馆的工人也在共产党的带领下浴血奋战。

[①] 1920年上半年，《新青年》编辑部从北京移到上海编印。从1920年9月第八卷第一号起，《新青年》成为上海共产主义小组的机关刊物，为中国共产党的成立做了理论上的准备。

二、从五四到五卅
——马克思主义在商务印书馆的传播

1919—1929年,马克思主义在商务印书馆的传播和实践,具体来讲,可以分为三个阶段:1.传播与准备阶段(1919年五四运动至1925年五卅运动),该阶段的主要成就在于理论准备和思想准备。2.传播与实践阶段(1925年商务大罢工至1927年三次上海工人武装起义),该阶段将理论付诸实践,商务印书馆的工人阶级从商务印书馆的罢工走向上海工人武装起义,在中国马克思主义运动史上留下光辉的印记。3.在失败中汲取经验阶段(1927年"四一二"反革命政变至1929年),陈云等共产党员出走商务,踏上了职业革命家的道路。

(一)1919—1929年商务印书馆各阶层状况分析

辛亥革命推翻了清王朝的统治,但是中国的国家性质并没有完全改变——依然是半殖民地半封建社会。民族资产阶级和无产阶级在中国的近代化的过程中缓慢成长起来,成为时代的进步力量,但是民族资产阶级与生俱来的软弱性,并不能举起时代之利剑。在前面的论述中我们已经提到过,商务印书馆的构成人员分为:1.民族资产阶级,商务印书馆的高层一直保持着流动性,虽然也只有极少数人,但是却蕴含了几乎这个时代最丰富的文化能量,这里面不乏政府高官、学界泰斗、银行大鳄、实业大亨,而这些人无论在当时的中国社会,还是在商务印书馆这个系统中,都是民族资产阶级的典型代表;2.具有深厚文化修养的知识分子团体

（这些人在阶级本质上大多属于小资产阶级），主要指商务编译所300多人的庞大的编译团队，很多人都有留洋经历；3.工人群体则是这个系统中占绝大多数的无产阶级，他们很多都是无权无势的产业技术工人。这三个阶层的合作、互动与斗争便是商务的日常状态。

整体来说，在这个系统中，民族资产阶级占有绝对的主导地位，属于资方，而知识分子群体和工人阶级则相对处于被剥削被压迫的地位，属于劳方。但是有一点需要说明，知识分子群体属于技艺极高的"文化工人"，是商务印书馆这样一个文化单位的最重要的资产，因而这批知识分子群体也是会偶尔向资方进行流动。而知识分子群体也由于自身的教育经历等原因，也有守旧派、革新派、留洋派等之分。作为印刷所、发行所、总务处的工人群体就不同了，完全是被剥削被压迫的对象。但是，商务印书馆的工人（即使是普通工人）也有一个不同于其他行业工人的典型特点，那就是普遍具有一定的文化水平，因为印刷排版、发行记账不识字是不行的，而且出版印刷行业的每一个环节的专业性都很强，所以大部分员工必然都具备一定的文化水平——至少是识字的——商务印书馆还成立了自己的教育机构来提高工人的素质。因此，马克思主义在商务印书馆各阶层尤其是工人阶层间的传播便具有得天独厚的优势。

（二）马克思主义在商务印书馆各阶层的传播

以张元济为代表的商务印书馆高层能够采取兼容并包的态度，持续地出版马克思主义的相关书籍，在《东方杂志》《学生杂志》《小说月报》等刊物上面介绍马克思主义相关的主张并且发表共产党员的作品，甚至对某些共产党员翻译的作品给予超出标准水平的稿费也并不追究。[①]据统计，1919—1922年，商务印书馆出版的宣扬马克思主义的书籍就有21种，而共产党人自主创办的人民出版社在同一时期也仅出版相关书籍16种[②]，而且大多数为小册子。商务印书馆在全国范围内建立了非常广泛的发行渠道，因而无论是出版的书籍还是发行的杂志，都拥有广泛的受众，"说商务是马克思主义在中国社会初期的传播重镇应不为过"[③]。

当然，在商务印书馆真正宣扬马克思主义思想并且接受马克思主义思想的自然是"三所一处"（编译所、发行所、印刷所与总务处）的职工。早在"五四"之前的1916年，北京大学预科毕业的沈雁冰（茅盾）便已经成为商务印书馆编译所的一员。到1921年中国共产党在上海诞生的时候，全国50多名党员中便有商务印书馆的一员，而商务印书馆也成为中共党史上联系沟通中央的第一个据点，全国各地到达中央的信件都会由沈雁冰转交给"钟英小姐"。[④]1921年冬，沈雁冰和徐梅坤介绍印刷所影印部技工糜文溶入党。1922年上半年，编译所董亦湘入党，7月编辑杨贤江入党，1923年董亦湘介绍印刷所栈房女工黄玉衡入党。1924年，发行所职工恽雨棠入党。到1927年，商务印书馆"三所一处"共

[①] 钟桂松：《沈雁冰在中共建党初期的贡献初探》，《观察与思考》2017年第5期。
[②] 周武：《商务印书馆与共产主义思潮的早期传播》（上），《档案春秋》2016年第8期。
[③] 同上。
[④] 茅盾：《我走过的道路》上册，人民文学出版社1981年版，第181页。

有共产党员、团员近200名。[①]在前文中，我们分析了商务印书馆的三个阶层，但是，在面向资本家的时候，编译所的"高级文化工人"便与发行所、印刷所的职工自然而然地归为一类了。这样，在商务印书馆的"三所一处"就都有共产党人了。

（三）工人阶级的典型代表——在商务印书馆接受马克思主义的陈云

1919年爆发了五四运动。这个时候的陈云是一名高小学生，他和同学们一起跟随着一位"姓张的教员"参与了罢课和讲演。同年，陈云由张行恭的弟弟张子宏介绍进入了商务印书馆做学徒。在繁重的工作之余，陈云便如饥似渴地一头扎进了知识的海洋里。陈云一刻也没有耽误地刻苦学习。他读遍了商务印书馆发行的大部分杂志，刻苦地学习英文、练习书法。这个时候的中国，正在发生着深刻的变革，陈云是见证者，也是参与者，他在众多的社会思潮中寻找着自己能够为之终身奋斗的信仰，他曾很"赞成吴佩孚"，后来从商务印书馆里面的国民党党员那里了解到三民主义，"觉得孙中山的道理'蛮多'"[②]，后来又阅读大量的马克思主义书籍，积极参与工人运动，在1925年他成为了一名共产党员。

20岁的陈云，已经初步完成了自己人格的塑造，具备了自立自强、谦虚谨慎、克勤克俭、踏实上进等一系列优秀的品质。有学者从历史背景、社会环境、家庭教育、学校教育、传统文化等方

[①]《上海商务印书馆职工运动史》，中共党史出版社1991年版，第143—145页。
[②]《陈云传》（一），中央文献出版社2015年版，第23页。

面分析了早期陈云形成上述人格特征的原因①,可以说是比较全面地论述了这一问题。陈云在早年就表现出来的种种优秀的人格特质其实就是其在生活实践基础上逐渐积累起来的对于自我的认识——塑造自己认同的自我。早年的陈云,父母双双离世,在舅父母的抚养下长大成人,多次因为家境贫寒而辍学,生活十分坎坷,这些都是客观的存在,但是陈云并没有怨天尤人,而是积极进取,抓住一切机会努力学习,提高自己的认识能力和认识水平,这种对自我的认识内化成了优秀品质,也为后来的革命实践打下了基础。

很多对于陈云的研究,大多以陈云作为党和国家领导人之后的经历为研究主题,对于其前期的生平经历和思想准备往往一笔带过。笔者认为,一定要把研究对象放在历史当中去考量、去对比,才能更准确地把握。因此,我们花费了大量的篇幅探讨了那个时代的背景,探讨了商务印书馆的背景,探讨了马克思主义的传播脉络。因为本文研究的是1919年至1929年的陈云,是踏入商务印书馆的陈云,是一步步自觉选择了马克思主义信仰道路的陈云,是4000多名商务印书馆职工中的陈云。只有我们把握了这样的前提,陈云在那个时代、在商务印书馆和接受马克思主义的过程就显得更加丰满了。陈云回忆说,"商务印书馆是我在那里当过学徒、店员,也进行过阶级斗争的地方","我衷心感谢你和子宏先生,因为你们帮助我离开章练塘,进入商务,在那里使我有

---

① 参见徐有威:《天助自助者——陈云的早年经历与其人格形成之关系初探》,《上海党史研究》2000年增刊。

可能走向革命的方向"。①可见,商务印书馆对于陈云的革命人生来讲,意义十分重大。

三、从理论到实践
——马克思主义在商务印书馆的实践

五四运动之后,马克思主义得到了广泛的传播。中国共产党成立之后,中国共产党领导的工人阶级作为一支强大的社会力量登上了历史舞台。1924年,国民党提出的"新三民主义"政策,为第一次国共合作奠定了基础。上海作为中国近代史上最重要的大城市之一,资本主义发展相对成熟,据统计,当时的上海拥有近80万工人,约占全国工人总数的三分之一。经过了数年的思想准备,中国共产党茁壮成长起来,陈云等一批信仰马克思主义的青年也茁壮成长起来,成为马克思主义坚定不移的践行者。他们一出场便展现了惊人的力量,从五卅运动到商务印书馆工人大罢工,再到三次上海工人武装起义,他们从商务印书馆出发,将革命的火种带向全国各地。

(一)商务印书馆工人参与罢工——五卅运动与商务大罢工

1925年5月15日,上海"内外棉"七厂的日本资本家枪杀该厂工人、共产党员顾正红。5月30日,英国巡捕在南京路对手无寸铁的游行工人射击,打死打伤数十人,五卅运动爆发。为了支持罢工,商务印书馆在6月3日下午和6月4日全天停业一天半。

---

① 《陈云传》(一),中央文献出版社2015年版,第17页。

商务印书馆沈雁冰、郑振铎、叶圣陶等商务编辑则创办《公理日报》，揭露了帝国主义罪行。陈云等商务印书馆的大多数职工一起参加了罢市和游行，以及募捐办报和义卖《公理日报》的活动。对于馆人办报，商务高层采取了默许的态度，张元济、高梦旦、王云五等商务高层还各捐款 100 元。五卅运动和商务印书馆大罢工本质上是不同的，前者是反帝反封建的爱国运动，体现了中华民族同帝国主义列强的矛盾，而商务印书馆大罢工本质上来讲是民族内部的矛盾，是商务印书馆内部劳资双方的矛盾。陈云在五卅运动的时候，还是一个名不见经传的小人物，但是在商务印书馆大罢工中，20 岁的陈云被推举为职工会委员长，成为商务印书馆大罢工中的领导人物之一。

（二）三次工人武装起义中，商务印书馆工人纠察队扮演重要角色

1926 年 7 月，轰轰烈烈的北伐战争爆发。在大革命期间，国共两党保持了谨慎的合作关系，中共中央号召各地共产党组织"各自在当地立刻起来做地方政治的直接奋斗"[①]，"中共上海区委和上海总工会的工作重点，也由主要组织罢工向准备武装起义转移"。陈云作为基层工会领导人，在工人自己的刊物《职工》上写了多篇文章向工人宣传北伐的意义[②]，并且组织商务印书馆工人纠察队积极开展训练。随后在 1926 年 10 月至 1927 年 3 月

---

① 《中央通告第 1 号——反吴战争中我们应如何工作》（1926 年 7 月 31 日），《中共中央文件选集》第 2 册，中共中央党校出版社 1989 年版，第 269 页。

② 1925 年 11 月，上海商务印书馆发行所职工会编辑的《职工》创刊，陈云以"民""怀"为笔名发表了一系列文章。

间，陈云和商务印书馆纠察队先后参加了三次工人武装起义。由于工人武装纠察队孤立无援和准备不充分等原因，第一次起义和第二次起义都以失败而告终，陈云甚至一度被英国巡捕房逮捕。[①]第三次工人武装起义由中国共产党特别委员会领导，商务工人纠察队由200多人发展到400多人，是闸北工人纠察队的骨干力量。上海工人纠察队通过多次努力，凭借一己之力取得了起义的成功。不幸的是，蒋介石发动了"四一二"反革命事变，工人武装起义在国民党的绞杀下最终以付出惨痛代价而告终。在商务印书馆工作的七年间，陈云完成了从一个学徒、店员到一名无产阶级革命家的转变。

（三）从商务印书馆出走——大革命失败之后

大革命失败之后，1927年8月7日，中共中央确立实行土地革命、武装反抗国民党反动派的总方针，并决定在个别省份发动"秋收暴动"。陈云也在江苏省委的安排下，回到家乡青浦组织当地的农民运动。由于种种原因，这些农民运动大多都失败了。直到1929年下半年，经过中共六大的调整，大革命失败后遭受严重挫折的革命形势得到初步复兴，年仅24岁的陈云也因为表现突出，当选了江苏省农委书记。随着大革命的失败，商务印书馆也结束了它对马克思主义的传播和实践的光辉岁月。工会被"黄色领袖（即右派国民党）夺去"，陈云和商务印书馆的骨干也先后离开了这所"大学"，在辽阔的祖国大地上继续播撒革命的种子。在商务印书馆的工作、学习、实践经历，更加坚定了这些勇士献身革命的

---

① 《陈云传》（一），中央文献出版社2015年版，第47页。

决心。陈云离开时说,"铁窗风味,家常便饭。杀头枪毙,告老还乡"①,"我此去一不做官,二不要钱,三不妥协,只为了要跟反动派坚决斗争到底,求工人的解放"②。这些朴素而坚定的话语,让我们对一位为了人民视死如归的共产党员肃然起敬!

结　　语

　　本文主要以马克思主义在1919—1929年间的商务印书馆各阶层(民族资产阶级、知识分子群体、无产阶级工人)间的传播(主要从1919年的五四运动至1925年的五卅运动)和实践(主要以1925年的五卅运动、商务印书馆工人大罢工、上海三次工人武装起义等事件,大革命失败等事件)为主要线索,勾勒了陈云青年时代的成长经历。这十年,不仅是马克思主义在中国传播和实践的光辉十年,也是一个坚定的马克思主义者经过磨砺逐渐走向成熟的十年。本文将研究的主体置于客观历史背景中,强调客观历史与个体主观能动性之间的联系和互动。可以说,商务印书馆在马克思主义传播的初期做了很多重要的工作,在马克思主义的实践过程中也发挥了很重要的作用,陈云在商务印书馆的工作、生活、学习、实践经历则为他积累了丰富的理论知识和丰富的实践经验。

(作者单位:上海华东人才科学研究院)

---

① 《陈云传》(一),中央文献出版社2015年版,第51页。
② 同上书,第52页。

文化枢纽的红色之光

——商务印书馆第一、二次大罢工考察

孙 张

商务印书馆是中国历史最悠久的现代出版机构。从1907年印刷所、编译所新厦落成开始，商务印书馆快速发展，到1932年"一·二八"事变前进入鼎盛时期，员工总数达4500余人，海内分馆达36座。这一时期，商务印书馆的发展规模超过亚洲所有出版企业，足可与世界一流出版社媲美，是当之无愧的"文化枢纽"。在这文化鼎盛的潮流中，工会运动恰如星星点点的红色之光，将这颗文化之星灼得更加耀眼。从1917年的小工潮到1925年"空前未有之大罢工"，从工人们自发组织到共产党领导工人运动，从混沌蒙昧到普遍觉醒，商务印书馆始终走在思想解放的前列。笔者选取其中意义深重的第一、二次大罢工进行考察，分析其客观背景、运动进程、阶级特征，再现那段峥嵘岁月。

一、大罢工运动背景

(一)时代宏观背景

1925年,中国处于北洋军阀领导的中华民国政府统治时期。政治上政权更迭频繁;经济上棉纺织业、面粉业等轻工业高速发展,但军费开支过巨,财政负担严重,生活物资和军需物资价格上涨;社会上各地方军阀割据,人民生活困难;技术上外国工厂依旧领先,民族工业正在振兴,整体呈现出社会矛盾激烈,环境不稳定的特征。

1925年2月,因日本在上海所设纺织厂虐待纺织工人,工人们自发罢工要求改善待遇。事态逐渐发酵至5月,出现由工人和日厂间劳资纠纷引发的暴力流血事件,于是群情激愤,不可抑制,一场由中国共产党领导的、伟大的群众反帝爱国运动——五卅运动拉开序幕,工人运动走向高潮。当时任职于商务印书馆编译所的沈雁冰等人,正是指导运动的优秀共产党员。而进步刊物《公理日报》的实际编辑工作,也是由商务印书馆编译所中的文学研究会成员完成的。①

(二)企业背景

自1897年创立以来,商务印书馆的劳资关系整体呈"宾主相随,同舟共进"的状态,② 公司方面关注员工的生活质量,其态度与

---

① 茅盾:《五卅运动与商务印书馆罢工——回忆录[七]》,《新文学史料》1980年第2期。
② 林英:《高福利下的频密罢工:近代商务印书馆劳资关系考察》,《出版科学》2019年第4期。

行动受到工人和媒体圈的一致认可。虽有如 1917 年局部工潮,但整体和谐融洽。

五卅运动中,商务印书馆工人自发罢工一天半以示悼念。在全社会愈演愈烈的工运氛围中,商务印书馆工人响应上海总工会号召,阶级意识逐渐觉醒,于 1925 年 6 月 21 日成立商务印书馆工会。此时政府仍未出台承认工会合法性的条文,而斗争维权的种子已在商务工人的心中扎下了根。

二、大罢工运动始末

(一)第一次大罢工

1. 起因

第一次大罢工根因在于长期以来工人生活的不堪,"对于自身之痛苦,颇感难受。又见生活程度,日趋维艰","要求改良待遇,增加工资,减少时间,以维人道"。直接原因为公司有裁减职工的风声,低薪职员自发集会,定下罢工的方针。商务印书馆工会为第一次大罢工总指挥,又成立陈云为委员长的临时执行委员会,具体指导罢工行动。

2. 经过

罢工于 1925 年 8 月 22 日开始。陈云领导的发行所职员停业,印刷所随后响应。经六日交涉、冲突、协商、认可,8 月 28 日复工。现将第一次大罢工经过整理如表 1。

表1　第一次大罢工经过[①]

时间	工会（商务印书馆工人）	公司（商务印书馆厂方）	社会团体及舆论界
8月22日	上午： 8时，印刷所工人停工，召开代表会议，定条件八项向总务处交涉，限12时以前答复。 12时半，全体罢工，锁闭厂门，限制出入。 下午： 1时，召开全体大会。 8时，成立罢工执行委员会。	总务处对八项交涉条件置若罔闻。	
8月23日	上午： 7时，召开男女工全体大会，解释总务处、发行所、印刷所一致提出之交涉条件，批驳公司启事，鼓励工人加入，倡导坚持团结。 9时，召开纠察团会议，明确责任，计划次日巡逻、宣传计划。 10时至11时半，召开罢工执行委员会会议，商议交涉细节。 下午： 3时，罢工执行委员会召开临时会议，商议组织妇女部，安排新职工，出版内刊，请求编译所同仁支持。 派职员向总商会、各马路商铺联会请求援助。	上午，派陈少苏来工会接洽，请工会代表赴公司磋商。后因双方约定时间不统一，接洽失败。 公司于各报上刊登启事，逐条回应工会所提各条件，坚持公司无法负担加薪，希望工人理解支持，于26日上工。	

[①] 本表根据《商务印书馆工会史》记载的事项、收录的文件以及茅盾回忆录整理而成。

续表

时间	工会（商务印书馆工人）	公司（商务印书馆厂方）	社会团体及舆论界
8月24日	编译所职工加入罢工；罢工执行委员会函告三千同人，向各地分馆乞援。 上午： 有清晨5时复工谣传，纠察队勘察未发现复工，罢工执行委员会发布辟谣通告。 下午： 3时，三所一处联席会议续修条件；会后代表与厂方进行第一次谈判。因条件未满足，拒绝厂方复工请求。	与工会第一次谈判。厂方表示承认工会，但加薪、不平等待遇、建宿舍等问题均未完全解决。请求工人先复工，后交涉条件，遭拒绝。	上海总工会、印刷总工会、总商会、各马路商界联合会、学生总会、学生联合会对罢工员工表示同情，并组织商务罢工后援会，予以援助与调解。
8月25日	上午： 8时许，工会纠察员与公司消防队发生暴力冲突，纠察员被击伤3人。 9时，召开第3次全体大会，传达昨日交涉详情，要求惩办今日凶手。致函公司询问。 10时，妇女部集会。馆内女工首次一致参加罢工，为馆内妇女参加运动之壮举。 12时，三所一处联席大会，改组为"商务印书馆罢工中央执行委员会"，并产生"条件研究委员会"供前者参考。 下午： 工会又作"告各界同胞书"，逐条批驳23日公司启事中的辩护。 10时，召开执行委员会会议，向公司提出修改条件。	上午： 公司消防队与工会纠察员发生冲突，或为公司指使。 公司各部正副主任愿出面调停罢工，但工会认为其力量不够，拒绝调停。 下午： 5时，公司函告工会，称消防队员冲突事件属于误会，并指责工会不应封闭厂门阻碍办公。 11时，因董事集会未果而散，回复工人次日回应修改条件。 公司对各报记者就工会"告各界同胞书"再作驳辩。	全国学生总会、学生联合会各派代表慰问罢工工友。

续表

时间	工会(商务印书馆工人)	公司(商务印书馆厂方)	社会团体及舆论界
8月26日	上午： 劳资双方代表继续谈判。 9时，罢工中央执行委员会集会，研究公司复文。 下午： 3时，召开全体大会，通告公司复文内容，强调团结一致。 4时，妇女部开会，主张与男工平等、一致，并通过妇女部组织法。	上午： 向商务印书馆工会回复批注条件，搁置对工会的认可，强调无力负担加薪，再次反驳各项条件。 劳资双方继续谈判。 王云五下跪求视察营长不要以军队的方式介入工人罢工。	上午，淞沪镇守使带卫兵闯入劳资双方谈判室内，协防双方签订条件即日复工。 上海工界维持会来函劝公司与工人双方让步。
8月27日	因对公司就消防队员冲突事件处理的不满，再次致函公司提出要求。 上午： 10时，召开全体大会，提出"一致对外""相当让步"的主张，默许公司对条件的主张。 下午： 4时半，罢工中央执行委员会与公司方一起开会，磋商至9时，双方签订复工条件。	下午，厂方主任受公司委托在印刷所组织协会，但到会工人不明会议宗旨，无果而散。 与工会签订复工条件。	全国学生联合会、上海学生联合会、总工会、各马路商界联合会、海员工会、邮务工会等团体前来慰问罢工工人。
8月28日	上午： 早晨发行所全体复工。 召开全体大会，阐释条件让步原因，明确工会为领导工人的中心。 下午： 1时，编译所、印刷所、总务处全体复工。 向分馆发函通告复工事宜。 向全国学生联合会、上海学生联合会、总工会、各马路商界联合会、工商学联会、海员工会、邮务工会通告复工并致谢。	击伤纠察队员的胡孝榆在工人全体大会上致歉。	《时事新报》发表《商务印书馆罢工平议》，主要肯定商务工人罢工的契机及具体的行动方式，也承认商务印书馆对工人的待遇整体优于国内其他企业，希望双方得到调解。

3. 结果

公司签订复工条件，如沈雁冰所概括：

复工条件要点有四：承认工会；增加薪水；改良待遇；优待女工。

承认工会，形式上不成问题。增加薪水，于十五万外又加三万。改良待遇，虽未完全达到，但比较改善。四项亦表示容纳。相比罢工前工人待遇，复工条件承诺的待遇确实实现了巨大提升。遗憾的是，工会让步的复工条件中仍存在一些歧义、漏洞，部分约束性条件如第九条"公司年提一万元为薪水较少病假较久者，补助之用。其分配方法另定之"含糊不清，未明确要求落实，公司与工人双方理解存在偏差。这种种都为日后劳资纠纷的升级埋下了伏笔。

（二）第二次大罢工

1. 起因

第二次大罢工根因在于工人改善生活条件的要求没有得到满足，第一次大罢工中公司承诺的条件并未完全履行，工人薪资、娱乐、医药、学习等问题没有妥善解决，劳资矛盾依然尖锐。直接原因是公司内出现多起限制工人工作时间内说话交流、大小便自由、克扣薪水的事件，且有公司通告大量裁减职工，招收新员工须填写不加入工会的保证书等风闻。工会要求公司履行第一次大罢工复工条件，而公司不作回复，于是工会领导全体工人第二次罢工。

2. 经过

罢工于1925年12月22日开始，经三日协商、冲突、谈判，于12月26日复工。现将第二次大罢工经过整理如表2。

表 2　第二次大罢工经过 [①]

时间	工会（商务印书馆工人）	公司（商务印书馆厂方）	社会团体及舆论界
12月22日	上午： 印刷所职工早晨罢工。组织纠察队200余人，在公司门前纠察。 下午： 1时半，召开全体大会，组织罢工委员会。 工会通告全体工友，举例说明工人遭厂方不公正对待，鼓励工人团结。 工会致函各部主任，请求其支持工人而非抹杀良心。 工会派代表持函向妇女联合会、全国学生总会、上海学生联合会、上海总工会等团体，要求援助。	公司在各报广告中，发布通告，指责工人此次罢工事件根据的事由完全错误，指出若工人坚持罢工，公司将暂时停业。态度较往次通告强硬得多。	戒严司令命令五区警察署视察商务印书馆罢工事宜。 工人全体大会时五区署员在场监视，并要求提前散会。 下午3时，浙军一师一营三连连长褚其祥带同一连兵士，到场制止工运，并承诺代为向厂方交涉。 淞沪警察厅长严春阳派警卫一队来馆，以备不测。
12月23日	上午： 10时，召开全体大会，汇报与李伯嘉（工会疑为公司代表）私人交涉情形。致函总务处，请求早日谈判解决。 下午： 2时，召开全体大会，公示无李伯嘉之事，鼓励员工坚持罢工。	董事会召集会议。张元济主张和平解决，王显华反对，并称自有主张。各董事认为王的主张操之过急。 张元济复函工会，表示并无李伯嘉之事。	戒严司令部派十三团二营于宝山路一带加班站岗，并派10名便衣侦探察看工潮。

[①] 本表根据《商务印书馆工会史》记载的事项、收录的文件以及茅盾回忆录整理而成。

续表

时间	工会（商务印书馆工人）	公司（商务印书馆厂方）	社会团体及舆论界
	发布向各界宣言、告工人传单。 工会代表与公司进行第一次谈判。因公司拒绝发放罢工期间薪水，工会代表认定公司无诚意，谈判中止，宣告失败。	公司与工会代表第一次谈判，对各项条件大多持搁置、再议的态度。	上海铁厂总工会、纱厂总工会、码头总工会、上海学生联合会、全国学生总会、上海总工会，派代表前来调查并慰问罢工工人。
12月24日	上午： 8时以前，上工工人400余人。上工工人在厂内并不能工作。 8时以后，由纠察队拦阻，所有人不得入厂。 9时，召开全体大会，勉励坚持罢工。 11时后，工会派代表随司令部副官入厂协商。 下午： 2时，召开全体大会。 3时许，上工工人出厂。 编译所工人提出调停意见。	清晨于印刷所石墙上悬牌公告，请愿意复工者先行复工。 延长上工敲钟时间从5分钟至50多分钟。 下午王云五接见学生会代表，婉辞拒绝调停。 公司向各报致函，称王显华的主张纯属个人，并非公司主张。各董事都主张和平。	上午： 6时，闸北五区所派警士80余名、司令部所派陆军十三团二营一连兵士一排，驻于厂门附近。 11时，司令部副官王品周发言表示军队不干涉工运，但请工运勿阻碍交通。请求工会派代表随他入厂交涉。 下午： 全国学生总会暨上海学生联合会代表至工会慰问，又至公司调停。 3时半，驻守浙军撤退。
12月25日	上午： 4时，工会派人锁闭厂门。 下午： 代表入厂时，纠察队与军队发生冲突，被捕42人。 工会代表与公司进行谈判，并签订先决条件，允诺次日复工。	上午： 5时半，公司派人打开大门，但已被工会锁闭。 酬劳刘营长军队午餐，每人酬洋一元。	上午： 9时，司令部刘营长派兵100余名前来，声称保护工人。

续表

时间	工会（商务印书馆工人）	公司（商务印书馆厂方）	社会团体及舆论界
		下午： 王云五、王显华等高管听说军警冲突，大为惊怕悲伤。 王云五、夏筱芳拉拢工会，担保被捕42人安全，与工会代表开始谈判，并签订先决条件。公司、工会各做出让步，夏筱芳个人担保补助工人。 公司将复工条件履行状况登报。	下午： 5时，刘营长催促工会代表与公司谈判。军警因误会与纠察队发生冲突，先行开枪击伤工人。军方要求带回42人严惩。
12月26日	上午： 8时，召开全体大会，报告罢工经过，宣布正式复工。	上午： 张元济、王云五参与工人全体大会并演说。	

3. 结果

公司签订复工先决条件，对被裁工人提供了一定扶助，但更多条件仍待后续商议，直至1926年1月13日公司与工会代表多次磋商后，才达成一致，疾病扶助金、发行所工作时间、女工、退俸金等问题实现了妥善解决。从整体结果来看，第二次大罢工不仅解决了第一次大罢工的遗留问题，还在工人工作自由、退俸补助等方面有了新的进展，进一步保障了工人利益。但从罢工经过来看，工人运动为军政左右，阻力既大，又付出了沉痛的代价。

三、大罢工运动特点

(一)党的领导

据商务印书馆大罢工亲历者沈雁冰回忆,商务印书馆大罢工是由共产党发动的,主旨在于重振五卅运动后上海工人运动的士气。商务印书馆中党的安排和组织由沈雁冰和杨贤江负责。商务三所都有党员,而以编译所为最多。① 在大罢工运动具体进展中,共产党人发挥了不可替代的作用。共产党员陈云担任第一次大罢工临时委员会委员长,和共产党员章郁庵一起领导虹口分店发行所停工。第一次大罢工中劳资双方第一次谈判、签订复工条件会议,第二次大罢工后续谈判会议中,章郁庵均代表工会参与,是大罢工运动的重要领导者。沈雁冰同样也是第一次大罢工中央执行委员会代表,参与劳资双方谈判,在工人大会上做过主题报告。在两次罢工运动中,共产党组织也在商务印书馆工人群体中壮大起来。1927年"四一二"政变中,蒋介石大肆屠杀共产党员,当时商务印书馆工会第三届执行委员大都闻风潜逃,这也从侧面证明共产党其时已成为商务工运的指导核心。

(二)组织严明

两次大罢工运动中,工人们均有明确的执行机关——商务印书馆工会罢工执行委员会,组织工人们进行调查、宣传、交际等事

---

① 茅盾:《五卅运动与商务印书馆罢工——回忆录[七]》,《新文学史料》1980年第2期。

务。一方面，委员会决策大方得体，罢工、谈判、复工等安排都层次分明，较为妥当。既对公司不卑不亢，又对外界开诚布公。另一方面，工人信任工会、委员会，接受其安排。各次工人大会出席人数都在2000以上，罢工时工人们也服从指挥，并未引发治安纠纷。罢工中工人们虽产生过暴力冲突，但冲突发起方均非工人。整体来说，罢工运动中工人的组织是井然有序的。

（三）信息透明

罢工运动中，领导决策、劳资谈判、各界援助等信息对底层工人高度透明，真正地让工人参与决策，自我觉醒，自己做自己的主人。总计两次大罢工共12天，共召开工人全体大会12次，几乎每天都将罢工运动的最新进展、各界态度第一时间公开给工人全体，使得广大工人都有自主判断之权利。因此工会在各次决策时都更游刃有余：工人们理解罢工各项行动的意义，因此更团结、更便于组织；罢工各项事务决策权并非集于一人之手，全体大会主席也多加轮换，谈判代表也不拘泥于一人，各项决策、事务处理更为公开、公正、公平，问题的解决也更为全面。

（四）斗争坚决

罢工运动中，商务印书馆工会及广大工人始终保持积极斗争的姿态，不懈怠，不妥协，不低头。一方面，频繁集会商议谈判条件，主动延请公司协商，多次致函兄弟协会、舆论界，积极开展纠察团等行动；另一方面，不轻易接受公司对条件的辩解、推脱，力求从实际出发，实事求是，落实工友的具体生活保障。第一次大罢工条件未落实，毅然组织第二次大罢工。另外，发生暴力冲突时不屈服，正义凛然——在与消防队员冲突后，多次函告公司要求处置凶手，不让恶性事件不了了之；被捕42人，受军警威胁胁带走谈判代表时，工会代表亦不惧淫威，坦然愿与被捕纠察队同进退。

（五）董事配合

尽管两次罢工之间覆盖时日良久，劳资谈判中多有摩擦，但从结果上看，公司是配合工人罢工、改良其待遇的。这与商务厚待员工的传统相一致，而在馆中董事——老一辈出版家的身上展现得更为突出。商务元老张元济对员工历来持平等、宽容的态度，罢工运动中积极调解，与工会多次信件往来，主张和平解决。若非其深得众心，第二次大罢工后工人们也不会高呼"拥护张菊生"的口号。王云五在公司经营上精打细算，对员工所提各条件实事求是地答复，并未一概允许，但在工运受军警胁迫时，第一个站出来维护工人利益，又在听闻罢工工人被军警击毙的假消息时，晕倒在地，足可见他内心对工人的爱护。其余如李拔可、夏筱芳等，或活跃于与罢工工人间的交流，或牺牲个人利益为工人争取更多利益，在这场罢工运动中都展现出了高尚的节操。即使是在第二次大罢工中扬言不接受工人条件，拒绝和平解决的王显华，在军警逮捕纠察员，声称要将工会代表一并带走时，他的立场也是工人这一边的。在商务众多董事的配合下，两次大罢工才收到较好的效果。

（六）影响深远

商务印书馆大罢工是商务印书馆第一次全面、自觉、有组织并成功实现工人要求的工人运动，是五卅运动的辉煌续章。从此，商务印书馆工人的阶级意识觉醒，思想进步解放，为改变社会不公平、不正当的现状积极斗争，才会有陈云等振聋发聩的文章《我们为什么要罢工》《中华民族运动之过去与将来》等，才会有商务工会的代代更替，才会有日后上海第三次工人武装起义的成功，才会有工人阶级撑起新中国新的天地。在这场运动中，商务工人们创造了无数个第一：无论是第一次出现的各种工人自发组织、机关、部门、委员，还是女工首次与男工平等、发行所工作制度创新，都彰示着这个文化枢纽的红色活力。

四、大罢工运动中的遗憾

当然，辉煌的大罢工运动中也存在着诸多遗憾。第一是劳资交涉多受外界阻碍。两次罢工都受军警无理介入，谈判显得潦草匆忙，部分条款含糊不清，为日后的条件落实工作平添负担。第二是工人内部仍存在一定的不团结因素，出现"工贼"事件，更有12月24日400名工人自发上工的情形。

五、结语

商务印书馆轰轰烈烈的大罢工运动结束了。虽有遗憾，但更多的是工人觉醒的新鲜力量，是工人与公司感情的进一步深化。1926年8月间，商务印书馆工人在工会领导下自发为公司召开30周年庆祝大会，劳资和谐，融融泄泄。这座文化枢纽上的红色之光，也随着时间的检验，愈发鲜艳。昌明教育，开启民智；百年商务，融汇新知。我辈出版人，正要以前贤之精神为终生奋斗的目标。

（作者单位：南京大学）

作为早期革命力量的出版业无产阶级

——以陈云与商务印书馆为例

杨义成

陈云是当代伟大的马克思主义革命家、政治家,党和国家久经考验的卓越领导人。青年时代的经历对陈云一生产生了深刻影响。1919年初冬,陈云告别故乡,来到上海商务印书馆,在这里一直工作到1927年。陈云在商务印书馆学习马克思主义、加入中国共产党、走上革命道路,成长为一代著名革命家,这一过程具有某种程度的历史必然性。陈云所代表的出版业基层工作者成为中国共产党最早的职业革命力量之一,是中国社会发展规律在近代中国特别是近代上海地区的体现。本文由20世纪早期的商务印书馆和陈云早年在商务印书馆的经历两条线索出发,分别探寻时代客观条件与陈云成长为无产阶级革命家的主观活动,全方位展示陈云在商务印书馆期间人生轨迹转折的过程,揭示商务印书馆经历对陈云的重要意义及其深远影响,由此进一步探究出版业人员在近代革命中活跃的原因。

一、20世纪早期的商务印书馆

商务印书馆是中国近代出版业中历史最久、最负盛名的出版机构,1897年2月11日创立于上海。早期商务印书馆的灵魂人物张元济既是学贯中西的学者,又是一位有魄力的企业家。商务印书馆很快由小小的印刷工场发展为规模宏大、影响广泛的近代文化出版单位。周谷城评价说:"商务印书馆真可谓商而兼学者也。"[①]

当时,商务印书馆在上海闸北购地80亩建起新厂房。其全盛时期,在上海设有四大部门:编译所、发行所、印刷总厂和总务处;在全国设有85个分支馆;有职工近六千人。在文化影响力方面,商务印书馆也是首屈一指,营造出一种追求进步、探索真理的思想环境,在中国文化史和革命史上都留下了重要印迹。

陈云进入商务印书馆的1920年前后,这里洋溢着浓厚的进步文化氛围。在"十月革命"的影响下,商务印书馆适时出版了各类宣传马克思主义和介绍苏联的进步书籍,如沈雁冰翻译的《国家与革命》,瞿秋白的《新俄国游记》《赤都心史》,范寿康等的《马克思主义与唯物史观》等。蔡元培、沈雁冰、叶圣陶等许多知名文化人士参与了商务印书馆的工作。他们中很多通过商务印书馆参与了20世纪20年代早期的共产主义运动。沈雁冰1916年进入

[①] 周谷城:《商务印书馆与中国的现代化》,《商务印书馆九十年》,商务印书馆1987年版,第414页。

商务印书馆编译所工作，1921年初参加上海共产主义小组，同年7月加入中国共产党。胡愈之1914年考入商务印书馆做练习生，后担任编辑，1933年加入中国共产党。郑振铎1921年经沈雁冰介绍进编译所工作。叶圣陶则于1923年进入商务印书馆工作。

在进步思潮的影响下，商务印书馆职工积极参与爱国运动。五卅运动中，商务印书馆宣布停业抗议。其编译所编辑沈雁冰、郑振铎等创办《公理日报》，开展舆论支援活动；商务印书馆职工成立同人经济后援会，为罢工工人和进步学生捐款六千元。而对于职工从事爱国活动，商务印书馆管理层也表现出进步和开明的立场。以上因素，无疑对陈云的思想发展起到重要的促进作用。

另一方面，商务印书馆非常重视职工文化水平，这对陈云的人生轨迹也起到了积极影响。近代上海店员的文化生活经常受到资方限制，如有的店铺规定"私阅闲书、小说及购小报者，罚洋五元"[1]。然而，由于职业特点，商务印书馆对职工知识水准有较高要求，同时又为其职员继续学习提供了便利。如陈云"因为接触外国人直接购货关系，去上夜校补习外语，不到三个月，成绩已斐然"[2]。少年陈云长期在商务印书馆发行所工作，商务印书馆所编辑出版的书籍，都要经过发行所人员之手。陈云经常在工作之余阅读店内的杂志、《童话》、"少年丛书"和章回小说。再如，发行

---

[1]　上海市工商行政管理局、中国纺织品公司上海市公司史料组编写：《商业资本家是怎样残酷剥削店员的——旧上海协大祥绸布商店的〈店规〉》，上海人民出版社1966年版，第66页。

[2]　张行恭：《我推荐陈云进商务印书馆》，《世纪》2003年第5期。

所工作需要经常向外寄书,陈云由此练就了一手秀气的毛笔字。①商务印书馆也主动为职工提高文化水平创造条件。当时,商务印书馆非常重视职工教育,设立上海图书学校,利用职工业余时间,教授习字、英语、出版印刷知识等。如陈云就利用业余时间参加过进修班的学习,受益良多。由此,商务印书馆打造了一支有文化、有组织、有纪律性的产业大军。

基于上述原因,商务印书馆对于中国共产党早期发展具有重要的意义。这里成为早期党在上海活动的重要据点。1921年沈雁冰等上海第一批共产党员已经在馆内开始发展党、团组织,到1925年有共产党员和共青团员五六十人,于五卅运动前夕成立中共上海商务印书馆支部。商务印书馆党支部积极接触工人中的进步分子,向他们宣讲帝国主义侵华史、剩余价值理论、工人运动情况,启发他们的阶级觉悟。五卅运动以后,中共更将商务印书馆作为发动罢工的重点之一。陈云正是在这一过程中入党,成为党在上海职工运动中的骨干力量。

二、从积极学习到投身革命——陈云早年在商务印书馆的活动

1919年陈云14岁,已经初步具备进步思想,参加了青浦当地的五四爱国运动。这年夏天,陈云高小毕业。12月中旬,陈云通过老师张行恭的弟弟张子宏介绍,到商务印书馆总发行所求职。

---

① 曹应旺:《陈云的上海情结》,《党史博览》2011年第2期。

经理见他又瘦又小，一度拒绝接受，经过一番劝说才同意试用，让他到发行所文具仪器柜当学徒，月薪三元，公司提供住宿。由于工作勤恳，两年后陈云提前结束学徒期，升为店员，月薪七元。

商务印书馆的工作并不轻松，发行所每天"八进八出"，从早上8点到晚上8点，工作12小时，陈云在路上还要花费两个小时。但陈云充分利用商务印书馆条件，抓住一切机会广泛学习。除苦练记账、打算盘等业务外，他参加了商务印书馆办的上海图书学校，历时三年结业，主要学习中英文和书店店员必需的基本知识。根据一起工作、生活的同事回忆，陈云"每天清晨，天还没亮他就起身读书、习字、学英文；晚上下班后，回到宿舍也是读书写字到深夜，成年累月从未间断过"[1]，"还上夜校补习外语"[2]，体现出刻苦学习的优良品质。

后来，陈云也开始阅读一些先进的政治书籍，探索救国之路。陈云参加了进步读书团体上海通信图书馆，相继研读了《马克思主义浅说》《资本制度浅说》《共产主义ABC》等书籍和《新青年》《向导》等进步刊物，对马克思主义有了基本认识。陈云对中国共产党成立后的第一份中央机关刊物、蔡和森主编的《向导》爱不释手。在商务印书馆工作期间的继续学习，为陈云确立共产主义世界观、投身中国革命奠定了思想基础。

1925年，上海爆发反帝爱国运动——五卅运动，商务印书馆职工积极参与了这一反帝爱国运动，陈云积极投身其间，参加罢

---

[1] 房中：《陈云与商务印书馆》，《湘潮》（上半月）2012年第12期。
[2] 沈中海：《陈云在商务印书馆的往事》，《档案春秋》2008年第2期。

市、游行、募捐、义卖、散发传单等多项活动。陈云由此深受反帝爱国热潮感染。他感受到自己作为"已经觉悟的青年,应该担负起这种责任"①。

这年六七月间,陈云经商务印书馆同事介绍加入中国国民党(第一次国共合作破裂后退出),成为国民党上海特别市党部闸北区第十五分部(商务印书馆发行所分部)的首创人之一和分部常务委员会委员。陈云后来回忆:"看了三民主义,觉得孙中山道理'蛮多'。"这是陈云自觉参与政治活动之开端。此前,按他本人的说法"还只是一个随资本家罢市的店员"。②

1925年8月,中共在商务印书馆组织罢工活动。由于思想进步和在职工中的威信,陈云被中共商务印书馆罢工临时党团视作骨干,积极参与了罢工酝酿过程,并当选罢工执行委员会委员长。这次罢工取得了迫使馆方承认工会、增加工资、减少工作时长的重大胜利。同时,它对陈云的个人成长也起到极大促进作用。陈云在这一时期立志革命,于当年八九月间加入中国共产党。对于入党,陈云是经过一番认真考虑的。他"把列宁主义概论和马克思主义浅说都详细地看了,那时确了解了必须要改造社会,才能解放人类。这个思想对于我影响很大"。加入中国共产党是陈云在思想上进一步提高的结果,他认识到:"只要立志革命,不怕没饭吃,归根结底只有推翻现在社会制度以后,才大家有饭吃。"③而马克思主义著作"看来它的道理比三民主义更好"。

---

① 《陈云文选》第1卷,人民出版社1995年版,第3页。
② 《陈云年谱》(修订本)上卷,中央文献出版社2015年版,第20页。
③ 同上书,第25页。

在罢工胜利背景下,1925年9月,商务印书馆发行所成立职工会,陈云被推选为委员长。陈云先后发展了不少商务同事入党。他利用下班后的时间,让工人集中起来,帮他们学习文化,同时深入各部门,与工人群众保持密切联系。在他的领导下,商务印书馆职工运动开展得有声有色。陈云等人创办地下刊物《职工》,组织了1925年12月的商务印书馆第二次罢工,参与了纪念五卅惨案一周年游行示威活动。

1926年,商务印书馆发行所党支部受上级要求,派同志协助组织领导店员工作。陈云参与了上海店员总联合会的筹建和领导工作。上海工人反对军阀统治的三次武装起义过程中,陈云也做了大量的组织工作。他多次陪同周恩来等领导同志了解情况、观察地形,协助其指挥商务印书馆工人纠察队,并组织一批队员骨干接受军事训练。在上海工人第三次武装起义中,商务印书馆工人纠察队作为闸北工人主力,夺取了北火车站、东方图书馆等重要据点。而陈云则受上海总工会派遣,前去北伐军部队接洽,要求其迅速挺进上海市区支援起义。从1925年8月到1927年4月,短短两年不到,陈云已经成长为党在上海工运工作的骨干,为无产阶级革命事业作出了重要贡献。

与此同时,在理论素养上,入党后的陈云亦得到很大提高。陈云时常勉励同事:"我们要做一个站在时代前面的青年,不要做时代的落伍者,更不要做暮气沉沉的青年。"[1]至1926年年中,陈云参加党内流动训练班20多次,学习了《共产党宣言》《国家与革命》

---

[1] 房中:《陈云与商务印书馆》,《湘潮》(上半月) 2012年第12期。

《共产主义运动中的"左"派幼稚病》等马列主义经典。他还以不同笔名，在《职工》上发表了《总工会是什么》《职工在现社会的地位》《我们为什么要罢工》《中国民族运动之过去与将来》等多篇文章，比较全面地展现了他对共产党领导下的无产阶级革命运动的认识，迈出了理论创作的第一步。在《中国民族运动之过去与将来》中，陈云指出："在以农立国的中国，占全国人口百分之八十强的农民，是民族运动中唯一大主力。农民不参加运动，中国革命鲜有希望。"这反映出他当时已经对中国革命的前途问题有清晰的分析，表现出日后作为党的领导人的远见卓识。

"四一二"反革命政变后，上海各主要工会相继遭到改组，转变为"黄色工会"，商务印书馆也不例外。陈云的共产党员身份虽未暴露，但面临的局势日渐困难，于1927年7月后转入地下。10月，陈云根据党组织决定返回青浦从事农运，他在商务印书馆的革命工作告一段落。

三、商务印书馆对陈云的影响

商务印书馆作为陈云革命生涯的起点，在他的人生经历中留下了重要印迹。首先，陈云在商务印书馆期间，确立了共产主义信仰，加入中国共产党，投身新民主主义革命活动，为日后成为著名无产阶级革命家奠定基础。商务印书馆译介传播的进步书刊，启发了陈云的革命觉悟，促使其接触和接受马克思主义；而他通过在商务印书馆参与领导职工运动，也积累了相当程度的群众工作经验，锻炼了工作能力和坚强的革命意志，成长为党所需要的重要人才。同时陈云在商务印书馆接触到先进的经营理念和管理方法,对他日后做好共和国财经工作起到一定影响。

其次,商务印书馆的工作经历,也对陈云的人格形成起到磨砺作用。研究者认为,陈云经过艰苦劳动的磨炼,培养出坚强的意志和注重实干的精神。[1]陈云在商务印书馆期间,工作勤奋出色,态度诚恳周到,这为他日后从事艰苦的革命工作打下了性格基础。

最后,通过在商务印书馆的工作学习,陈云提高了自身文化水平,养成了重视知识、重视文化的意识。陈云走上党和国家领导岗位后,高度重视弘扬传统文化艺术,在文化思想建设领域提出一系列重要论述,体现出高瞻远瞩的眼光和深厚的文化情怀。例如,陈云针对古籍整理工作提出一系列重要举措。1977年5月他到浙江图书馆参观时表示"对古籍应当进行整理,有的要断句,有的要翻译成白话文"。[2]1981年4月,陈云同秘书谈话,指出要认真抓整理古籍工作,谈话要点经中共中央书记处讨论同意后作为中央文件下发,后来被收入《陈云文选》,题为《整理古籍是继承祖国文化遗产的一项重要工作》。1986年10月,陈云为中华书局成立75周年题词:"做好古籍整理工作,继承民族文化遗产。"[3]陈云多次作出指示,有力推动了我国20世纪80年代的古籍整理工作。

---

[1] 徐有威:《天助自助者——陈云的早年经历与其人格形成之关系初探》,《上海党史研究》2000年增刊。

[2] 《陈云年谱》(修订本)下卷,中央文献出版社2015年版,第230页。

[3] 同上书,第450页。

离开商务印书馆后，陈云对这个最早留下自己革命印记的地方依然留有深厚的感情。1949年8月，他因公到上海，特地抽空到发行所访问老同事。陈云看望了商务印书馆董事长张元济，向他说明沈阳、长春商务印书馆的运行情况，并邀请他参政议政。1952年，围绕商务印书馆公私合营后招牌保留问题，陈云提议："商务合营后，'商务印书馆'五个字要保留，即使将来进入国营，商务这块招牌也不能丢，因为商务印书馆在国内外都有崇高的声誉。"[①] 遵照他的意见，商务印书馆公私合营后被作为特殊单位对待，招牌不变。1982年商务印书馆纪念建馆85周年时，陈云为之题词，他深情地说："商务印书馆是我在那里当过学徒、店员，也进行过阶级斗争的地方。应该说商务印书馆在解放前是中国的一个很重要的文化教育事业单位。"[②] 对陈云而言，商务印书馆的工作可谓一段难以忘怀的峥嵘岁月。

四、作为早期革命力量的出版业无产阶级

陈云通过商务印书馆的工作经历走上无产阶级革命道路，这一过程本质上符合历史唯物主义的逻辑，体现了近代出版业基层工作者构成中国共产党早期革命力量的重要地位。

首先，近代的出版业基层工作者，主要由印刷工人、学徒、出版业低级职员等构成。从经济地位看，他们处在社会的底层，属

---

① 王蕾：《陈云对苏浙沪地区传统字号的调查和保护》，《百年潮》2013年第9期。
② 《陈云年谱》（修订本）下卷，中央文献出版社2015年版，第334页。

于无产阶级。新文化运动前台的风云激荡不属于他们,大上海的灯红酒绿也不属于他们。出版业基层工作者辛勤劳动,却未必能争得体面生活,他们直接面临社会问题,容易产生无产阶级革命觉悟。对商务印书馆的许多职工来说,他们和上海其他工人一样,工作时间长,收入低,迫切期望改善生活待遇。1925年8月商务印书馆第一次大罢工时揭露:薪金太少,月薪不足20元的职工占75%;工作时间太长,职员每日从早上8点工作到晚上7点,连路上时间共需13小时,工人每日需14小时以上;分配不公,每年分红,总经理、经理及高级职员多达几万元或几千元,而普通职工只有10多元。[①]以陈云为例,他14岁来到商务印书馆,近似"童工",个头和柜台差不多高。他自述其微薄薪资:"公司还供食宿,其余自备。第二年加二元,第三年加二元,第四年不加。大约到一九二五年还只九元一月。"[②]于是,到大革命时期他"生活上眼见做了五年学徒,还是每月只赚七元钱的工资,罢工以后,就接近党了"。[③]近代出版业基层工作者的经济地位,构成了陈云选择共产主义信仰、领导工人运动的身份基础。

其次,出版业基层工作者是无产阶级中的精英分子。出于工作的需要,出版行业从业人员,即使是底层印刷工人,也需识文断字。同时,借助工作便利,他们可以相对容易地阅读新书籍,接触新思想,享受高于一般无产阶级可承受价格的精神产品,进而学

[①] 参见中央文献研究室科研部图书馆编:《陈云人生纪实》上册,凤凰出版社2007年版,第32页。

[②] 《陈云传》(一),中央文献出版社2015年版,第16页。

[③] 《陈云年谱》(修订本)上卷,中央文献出版社2015年版,第25页。

习掌握先进思想。在文盲率极高的旧中国，出版业基层工作者是无产阶级中有文化的一部分。商务印书馆当时出版了不少关于劳工问题的书籍，如陈达《中国劳工问题》、施兴亮《劳动运动史》等，这就为职工运动提供了丰厚的思想和舆论资源。陈云在商务印书馆工作期间，一直坚持学习，思想上追求进步。他自己在回忆时肯定："我应该说在商务时期，对我在文化上的得益很大……我自信也是很用功的一个人，练字，上夜校（商务办的），读英文。"[1] 他由此进一步接触到马克思主义，加入中国共产党，并为以后的革命生涯打下坚实的知识基础。入党后不过半年多，陈云就连续发表多篇文章分析职工运动，从理论层面加以精辟论述和总结。正是商务印书馆工作经历的锻炼，促使仅有高小文化程度的陈云很快成长为工人活动家，并在日后成为我国社会主义经济建设的重要开拓者。

由于上述原因，商务印书馆在我国工人运动史上具有重要地位。早在1917年3月，商务印书馆工人为反对无故辞退而罢工，且得到中华书局、文明书局工人支援，实为近代中国同盟罢工滥觞。[2] 商务印书馆印刷工人在罢工中成立了"集成同志社"，装订部工人成立同业工会，都属于近代较早出现的工会组织。尽管这场斗争还属于自发性质，集成同志社也很快被资方扼杀，但能建立正式的工会、明确提出劳资矛盾并谋求解决，这在当时的中国已十分先进，也为以后的职工运动积累了经验。陈云等1925年组

---

[1] 《陈云传》（一），中央文献出版社2015年版，第20页。
[2] 参见王建初、孙茂生主编：《中国工人运动史》，辽宁人民出版社1987年版，第30页。

织罢工时,就分析了集成同志社失败的原因,认为其缺乏党的领导和斗争经验,没有充分发动群众。

上述历史规律在世界历史范畴内也得到一定体现。自18世纪以来,不少著名革命思想家,如美国独立战争功臣富兰克林、法国无政府主义者蒲鲁东、保加利亚共产党领导人季米特洛夫、日本共产党创始人片山潜等,都具有印刷学徒的背景。而中国共产党建党后发展的第一位工人党员徐梅坤也是印刷工人。正是他向党建议,印刷工人有知识,容易开展工作。陈独秀介绍他进入商务印书馆,与沈雁冰等一起发展党的秘密组织。因此,从历史上看,近代的出版业基层工作者,由于兼具劳动阶级和知识分子的特点,在思想进步和革命的过程中具有先发优势。

当然,以陈云为代表的老一辈无产阶级革命家的个人觉悟,在此过程中也有不可忽视的作用。陈云的成长道路是他与商务印书馆双向互动的过程。商务印书馆的先进文化氛围,为陈云的成长提供了进步思想的熏陶,成为他进一步追求革命真理的前提条件;商务印书馆作为传播先进文化的平台,受到新生的中国共产党的重视,成为党在上海的最重要阵地之一,为陈云走上革命道路提供了外部条件。陈云等早期革命者的主观能动作用也推动了商务印书馆职工运动的发展。从五卅运动时期开始,陈云通过领导群众组织工作,展现出卓越才能和非凡智慧,得到广大商务印书馆职工的拥护,迈出其革命家生涯的最早一步。诚如陈云所说,"进入商务,在那里使我有可能走向革命的方向"①。

---

① 张行恭:《我推荐陈云进商务印书馆》,《世纪》2003年第5期。

可以看出，陈云思想和人生的转折发生在商务印书馆。商务印书馆与早年陈云结下了不解之缘。陈云1919年12月进入商务印书馆，1927年5月离开，这七年多正是他形成无产阶级世界观和从事早期革命活动的重要时期。商务印书馆作为进步平台，促进陈云成长为无产阶级革命家，而陈云个人的主观觉悟也发挥了重要作用。从商务印书馆与陈云的关系角度加强研究探索，有助于更加清晰地揭示20世纪早期商务印书馆在思想文化领域的重要影响、作为中共早期阵地的重要地位和陈云等一大批早期共产党人走上革命道路的原因。

（作者单位：上海市社会科学界联合会）

后 记

《陈云与商务印书馆——纪念陈云走上革命道路100周年学术研讨会论文集》是中国中共文献研究会陈云思想生平研究分会、陈云纪念馆、商务印书馆,于2019年11月20日在北京联合举办的"陈云与商务印书馆——纪念陈云走上革命道路100周年学术研讨会"的主要成果。本书由中共中央党史和文献研究院唐国军、张群、张安雷和陈云纪念馆房中、江丹等同志负责编辑。